14221S

16/31

Outre-mers, outre-mer ?

à Joël Bonnemaison

Outre-mer ? Outre-mers ? Au singulier ou au pluriel, l'objet d'étude de cet atlas est pour le Français de la métropole un appel au dépaysement, au voyage, d'ici vers là-bas, vers une « France du lointain » qui n'est plus l'inconnu mais qui reste mal connue. Mettre le terme au singulier, c'est insister sur la communauté d'histoire de cet ensemble hérité de l'époque révolue des colonies. Ce sentiment d'un lien privilégié par-delà les étendues océaniques habitait certainement ces Réunionnais en partance pour la métropole et que leurs voisins saluaient d'un « Alors ! Vous la saute la mer ? » En parler au pluriel conduit à l'évocation d'itinéraires historiques divergents, d'une construction juridique constamment inachevée et d'un assemblage de territoires éparpillés sur la planète.

La dispersion des outre-mers crée un handicap pour les liaisons, mais elle offre l'intérêt stratégique pour la France d'une présence sur tous les océans et d'un domaine maritime qui est le troisième du monde : près de onze millions de kilomètres carrés sur lesquels s'exerce sa souveraineté (96% de la Zone économique exclusive française). Les étendues terrestres sont moins considérables : les espaces ultramarins français couvrent une superficie équivalant à 20% du territoire métropolitain (terres inhabitées exclues), soit un peu plus de 110 000 km^2 habités de façon permanente pour à peine deux millions d'habitants, 3% de la population nationale.

Cette faible densité moyenne recouvre une occupation très inégale de l'espace ultramarin, où coexistent de vastes contrées inhabitées et quelques secteurs intensément occupés (cf. tableau). Inégalement mises en valeur, ces terres dispersées appartenant à plusieurs continents forment, de prime abord, un ensemble très disparate, comme le souligne la diversité des statuts territoriaux : quatre départements d'outre-mer (DOM) correspondant à quatre régions administratives, quatre territoires d'outre-mer (TOM), deux collectivités territoriales, les îles éparses de l'océan Indien et l'îlot de Clipperton. On peut s'interroger sur le bien-fondé d'une démarche qui viserait à dégager des convergences entre des espaces ultramarins que tout semble opposer.

Échelles d'analyse des différenciations spatiales

À l'échelle de l'entité territoriale, quel que soit le thème choisi, les contrastes l'emportent (carte 13.0.1). L'analyse des caractères physiques révèle de brutales oppositions : compacité de la Guyane (83 534 km^2) et émiettement des archipels de la Polynésie française où les terres émergées couvrent 3 673 km^2 très inégalement réparties entre 118 îles (carte 13.0.2); exiguïté des îles de Wallis-et-Futuna (255 km^2) et immensité du désert englacé en terre Adélie (432 000 km^2); forêt tropicale humide guyanaise et absence de l'arbre dans les Terres australes et antarctiques françaises (TAAF); îles-volcans aux reliefs vigoureux et plats atolls coralliens; climat froid et humide de Saint-Pierre-et-Miquelon, mais chaud et humide des autres espaces ultramarins habités (les températures moyennes annuelles sont respectivement d'environ 6 °C et 26 °C).

La démographie de l'Outre-mer est, elle aussi, riche de situations extrêmes : 597 828 habitants à la Réunion contre 6 277 à Saint-Pierre-et-Miquelon; un taux de natalité de 18‰ à la Martinique et de 44‰ à Mayotte. Fortement accusés, largement hérités, les clivages sociaux, ethniques et culturels, débouchent parfois sur de vives tensions entre communautés, voire en affrontements larvés comme en Nouvelle-Calédonie. À cette diversité des sociétés correspondent des identités juridiques différentes : législation nationale dans les DOM, intégrés au sein de l'Union européenne (UE); règles adaptées par la République et les législateurs locaux aux particularismes des TOM et des collectivités territoriales, associés à l'UE; incertitudes concernant l'évolution du statut de la Nouvelle-Calédonie et de la Polynésie française, ou encore de Mayotte [1].

---

1. Les termes « Domien » (habitant des DOM) et « Tomien » (habitant des TOM), couramment usités, ont été repris dans cet atlas.

	Superficie (km²)	ZEE (km²)	Population (dernier recensement)	Densité (hab./km²)
Guadeloupe	1 705	170 900	387 034	227,0
Guyane	83 534	130 140	114 808	1,4
Martinique	1 102	4 772	359 579	326,3
Réunion	2 512	312 360	597 828	238,0
Mayotte	374	50 000	94 385	252,4
Nouvelle-Calédonie	19 058	2 105 090	164 173	8,6
Polynésie française (terres émergées)	3 673	4 867 370	188 814	51,4
Saint-Pierre-et-Miquelon	242	50 000	6 277	25,9
Wallis-et-Futuna	255	271 050	13 705	53,7
Terres australes et antarctiques françaises (TAAF) [1]	7 384	1 751 690	non permanent	—
Îles éparses de l'océan Indien	52	657 610	non permanent	—
Atoll de Clipperton (partie émergée)	5	431 015	inhabité	—
Total DOM	88 853	618 172	1 459 249	16,4
Total des Collectivités territoriales et TOM habités	23 602	7 343 510	467 354	19,8
Total général	119 896	10 801 997	1 926 603	n.s.
France métropolitaine	*543 965*	*340 290*	*56 651 955*	*104,2*

Superficies et populations

1. Territoires sur lesquels s'exercent la pleine souveraineté française. La terre Adélie, qui couvre une superficie de 432 000 km², est administrée par les TAAF dans le cadre du traité international de l'Antarctique (1er décembre 1959).

À l'échelle intraterritoriale, des oppositions spatiales persistent. Les structures socioéconomiques des dépendances de la Guadeloupe le montrent : Marie-Galante est restée «traditionnelle» ; Saint-Barthélemy « la Blanche » a développé des activités anomales ; Saint-Martin, tournée vers les États-Unis, maîtrise difficilement les effets induits par une économie essentiellement orientée vers les activités touristiques, lesquelles sont étroitement liées à celles de la partie néerlandaise de l'île. Des disparités aussi marquées sont relevées à toutes les échelles entre les îles et archipels de la Polynésie française.

La diversité des outre-mers semble donc justifier la multiplication des études monographiques — qu'elles soient à dominante géographique, historique ou socio-économique. Ces travaux sont indispensables mais n'offrent pas une vision globale de l'Outre-mer français (structures et dynamiques d'ensemble, perspectives d'avenir). Dans la littérature consacrée à l'Outre-mer, l'insularité est, de façon récurrente, la clef de lecture, le concept fédérateur. En effet, si tous les espaces ultramarins ne sont pas des îles, partout s'exercent les effets de l'insularité.

Insularité, insularisme, îléité

La plupart des analyses de l'insularité se fondent sur des caractères physiques. C'est ainsi qu'à l'échelle du globe, le phénomène insulaire a été quantifié, à partir d'une base de données de 1 085 îles dont la superficie est comprise entre 100 000 et 1 000 000 km² (De Praetere) ; des hiérarchies apparaissent en fonction de la taille et de la forme des îles. De ces études, ressortent bien les spécificités physiques du milieu insulaire : morphologie littorale, effet du relief multipliant les zones microclimatiques (plus de dix à la Réunion), variété des paysages sur une superficie réduite, endémisme biologique, fragilité des écosystèmes, etc.

Certes, les caractères particuliers du milieu naturel pèsent sur l'implantation humaine, influencent le type de mise en valeur de l'espace, expliquent la fragilité de l'équilibre homme-environnement et peuvent donner naissance à une certaine unité socioéconomique et

(suite p. 12)

Outre-mers, outre-mer ?

D'après Visages de la France 1993

13.0.1. Un cinquième de la superficie métropolitaine
La diversité des formes et l'inégalité des superficies des outre-mers.

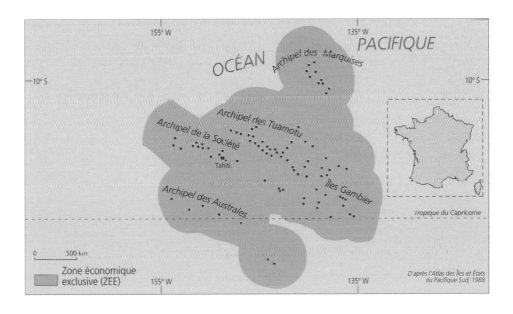

13.0.2. Des terres minuscules dans l'immensité pacifique
L'émiettement des archipels de la Polynésie française. La superficie de la Zone économique exclusive contient près de 9 fois celle du territoire de la France métropolitaine.

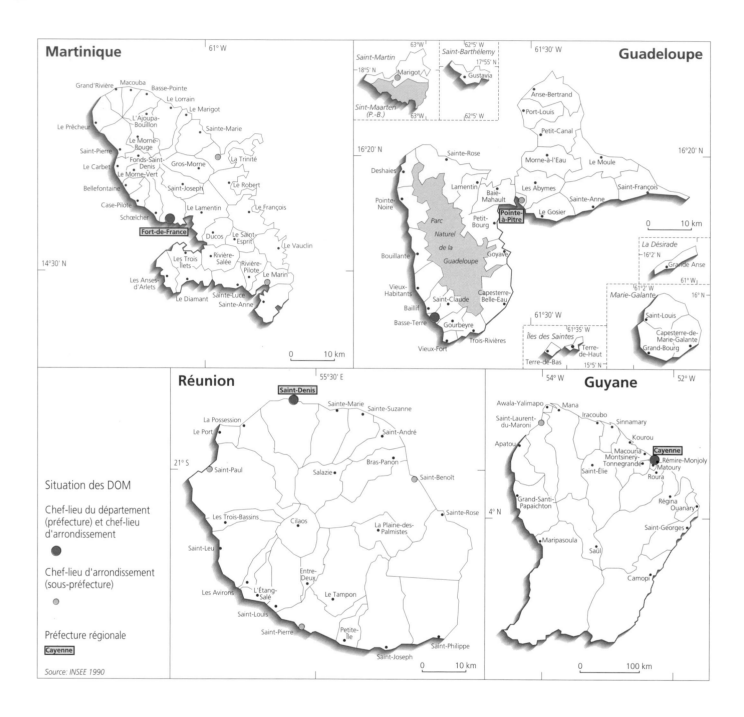

13.0.3. Maillages communaux et hiérarchies administratives dans les DOM

Une particularité de l'organisation administrative des DOM : quatre départements qui sont aussi des régions. En Guadeloupe, la préfecture régionale est distincte du chef-lieu du département.

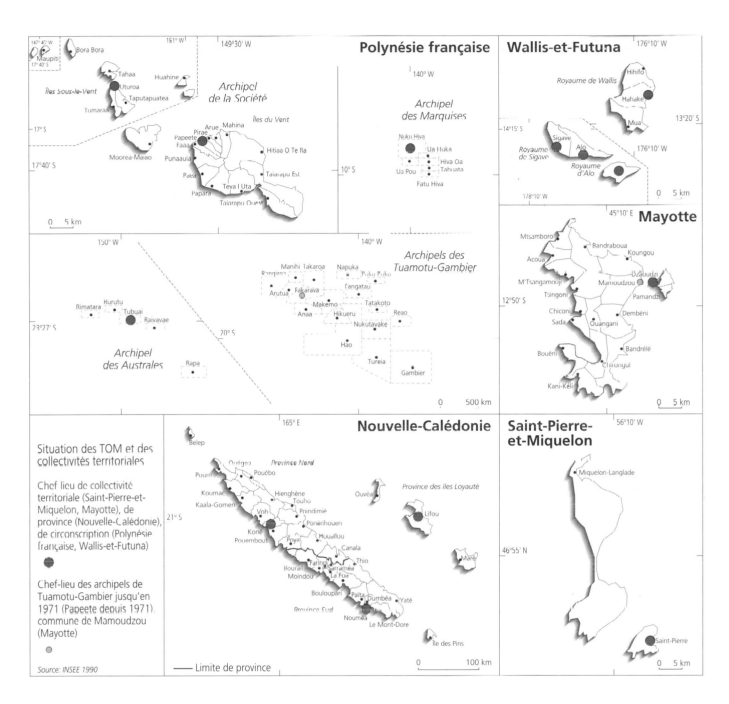

Polynésie française

Archipel de la Société

Archipel des Marquises

Archipels des Tuamotu-Gambier

Archipel des Australes

Wallis-et-Futuna

Royaume de Wallis

Royaume de Sigave

Royaume d'Alo

Mayotte

Nouvelle-Calédonie

Province Nord

Province des îles Loyauté

Province Sud

Saint-Pierre-et-Miquelon

Situation des TOM et des collectivités territoriales

Chef lieu de collectivité territoriale (Saint-Pierre-et-Miquelon, Mayotte), de province (Nouvelle-Calédonie), de circonscription (Polynésie française, Wallis-et-Futuna)

Chef-lieu des archipels de Tuamotu-Gambier jusqu'en 1971 (Papeete depuis 1971), commune de Mamoudzou (Mayotte)

Source: INSEE 1990

—— Limite de province

13.0.4. Maillages communaux et hiérarchies administratives dans les TOM et les CT

D'énormes différences d'échelle et de statut pour les îles qui ne figurent pas au rang des départements.

culturelle. À l'évidence, certaines conditions géographiques et socioéconomiques spécifiquement insulaires doivent être prises en compte : l'exiguïté de l'espace mis en valeur entraînant une intense pression foncière ou encore l'isolement expliquant l'importance primordiale de la question des transports et la difficulté à réaliser le principe de continuité territoriale. Toutefois, à ces particularismes insulaires qui font des îles un lieu géographique « à part » se combinent des caractéristiques que la plupart des outre-mers français partagent avec les espaces continentaux : urbanisation rapide de populations souvent concentrées dans la ville principale, poussée du chômage ou encore tertiarisation de l'économie et déclin des activités agricoles.

Les îles sont des lieux à la fois ouverts et clos, constitués de sous-espaces multiples dont la complémentarité est souvent culturelle, toujours socioéconomique. La côte assure l'ouverture sur le monde, îlien ou continental ; le port et l'aéroport en sont les synapses. L'intérieur, souvent montagneux, compartimenté, peu occupé (Tahiti) ou tourné essentiellement vers les activités agricoles (Martinique, Réunion).

Enfin, l'insularité se trouve aussi contenue dans le regard posé sur l'île. Un regard à géométrie variable selon l'origine du sujet regardant. À propos de l'identité insulaire océanienne et de la charge symbolique de l'île, Joël Bonnemaison écrit : « L'insularité, c'est l'isolement. L'îléité, c'est la rupture ; un lien rompu avec le reste du monde et donc un espace hors de l'espace, un lieu hors du temps […]. Il y a des degrés dans "l'îléité", mais une île est d'autant plus île que la rupture est forte ou ressentie comme telle. C'est ce qui fait rêver. Mais ceux qui vivent dans l'île sont rarement ceux qui en rêvent. » Pour un métropolitain, en effet, les outre-mers apparaissent comme des espaces à la fois familiers et exotiques. Lieux d'enfermement ou de transgression, refuges plus ou moins hospitaliers, espaces confinés, mesurés, que l'on peut s'approprier, et donc espaces convoités, les outre-mers n'échappent pas à la mythologie des lieux et des noms insulaires. Qu'il s'agisse de l'archétype du paradis touristique (Bora Bora), de l'aventure en forêt tropicale humide

(l'« île » guyanaise), de la découverte (base Dumont d'Urville en terre Adélie), de l'évocation de Clipperton (5 km^2), les espaces ultramarins sont aussi des espaces rêvés. Cependant, le caractère exotique des îles et leur perception idéalisée sont-ils des facteurs d'unité autres qu'anecdotiques ?

La spécificité des espaces ultramarins ne se réduit pas au seul caractère insulaire. Avec la mondialisation des échanges et des réseaux, les outre-mers participent, eux aussi, au système Monde et s'insèrent dans un jeu de relations où se juxtaposent, se chevauchent, se superposent et s'emboîtent espaces centraux et périphériques. Ainsi les espaces ultramarins fonctionnent-ils tantôt comme des associats au sein de l'ensemble national, tantôt comme des isolats relatifs dans le cadre de leur espace régional.

La clef de lecture privilégiée : le concept de centre-périphérie

Dans les espaces ultramarins, les relations asymétriques centre-périphérie sont souvent exacerbées : dichotomie littoral-intérieur, agglomération principale-centres relais, espace « traditionnel » continental ou îlien-enclaves militaires, spatiales ou touristiques ; la fréquente juxtaposition des différentes unités spatiales renforce la vigueur des oppositions. La Polynésie française montre l'intérêt du concept centre-périphérie et sa complexité : l'archipel de la Société s'impose aux quatre autres ; les îles du Vent dominent les îles Sous-le-Vent ; Tahiti commande les autres îles du Vent ; Papeete écrase le reste de l'île et dirige l'ensemble du territoire. Ces principes de hiérarchisation ne sont pas nécessairement intégrés par les populations locales dans leur perception et leur « vécu » de l'espace. En effet, l'habitant d'un atoll du Pacifique ne considère son micro-espace ni comme un centre, ni comme une périphérie mais plutôt comme l'élément d'un réseau (l'ensemble des îles) dans lequel il s'insère et avec les segments duquel il noue des relations (cf. J. Bonnemaison à propos de l'île océanienne).

En définitive, les questions essentielles sont les suivantes : quelles formes de hiérarchisation des centres

	Année de recensement				Nombre de communes
Guadeloupe	1967	1974	1982	1990	34
Guyane	1967	1974	1982	1990	21
Martinique	1967	1974	1982	1990	34
Réunion	1967	1974	1982	1990	24
Mayotte	1966	1978	1985	1991	17
Nouvelle-Calédonie	1969	1976	1983	1989	32
Polynésie française	1971	1977	1983	1988	48
Saint-Pierre-et-Miquelon	1968	1975	1982	1990	2
Wallis-et-Futuna	1969	1976	1983	1990	5
France métropolitaine	*1968*	*1975*	*1982*	*1990*	*36 545*

Recensements et maillages communaux

Les données statistiques du dernier recensement disponible appliquées à l'échelle des 217 communes constituent la base cartographique et analytique de cet atlas.

L'hétérogénéité des recensements (questionnaires différents dans les DOM, les TOM et les collectivités territoriales) a rendu difficile la constitution d'une base de données communales regroupant l'ensemble des espaces ultramarins. Afin de travailler sur un nombre de variables plus élevé, il eût fallu distinguer une base DOM et Saint-Pierre-et-Miquelon, et une base TOM et Mayotte. Elles ont été constituées, mais n'ont pas été utilisées puisque la cartographie de certains thèmes aurait manqué d'homogénéité en raison des lacunes de l'information.

et des périphéries (exploitées, annexées ou délaissées) prédominent au sein de ces outre-mers ? Comment se combinent les centres et les périphéries selon la thématique et l'échelle d'analyse adoptées ? C'est à partir de ces questions que sont analysées et interprétées les caractéristiques communes aux outre-mers. Dégager les convergences entre les espaces ultramarins à partir des relations centre-périphérie implique une analyse à la fois quantitative et qualitative. Cette analyse a nécessité la constitution d'une base de données communales ; les questions abordées dans l'atlas privilégient cet échelon géographique (cartes 13.0.3 et 13.0.4).

Par la variété et la fréquence des phénomènes naturels destructeurs, vécus ou potentiels, les outre-mers, considérés globalement, sont incontestablement des terres à hauts risques (chapitre 1). La beauté des sites vantée par les opérateurs touristiques se combine à la violence des phénomènes naturels. Non seulement l'ensemble des outre-mers apporte à la France un bouquet de paysages exotiques, mais encore il propose la richesse de son métissage culturel issu de la diversité des expériences historiques. L'affirmation de l'identité des différentes sociétés ultramarines n'exclut pas le souci de conserver avec la métropole un lien privilégié, que les progrès des communications et d'intenses flux migratoires contribuent à consolider. Cette relation particulière doit composer désormais avec l'aspiration à un développement moins dépendant.

La plupart des espaces ultramarins connaissent une croissance démographique rapide (chapitre 2). Celle-ci exerce une forte pression sur les équilibres socioéconomiques et sur les écosystèmes. Les taux élevés du chômage et l'importance du sous-emploi révèlent les insuffisances d'une politique de développement fondée sur le rattrapage des niveaux de revenus métropolitains.

Dépendance et solidarités sont étudiées dans le chapitre 3. Les transferts massifs opérés par la métropole et l'Union européenne ont permis une amélioration rapide des conditions de vie des populations d'outre-mer. Cependant, les capacités productives n'ont pas suivi et les économies ultramarines se caractérisent par une sous-production et une surconsommation que soutiennent les dispositions prises au titre de la solidarité nationale. En effet, les entreprises sises outre-mer sont soumises à des contraintes et à des désavantages tels que l'on a parlé de « handicaps structurels ».

Le phénomène de concentration de la population dans quelques agglomérations urbaines (chapitre 4) entraîne une dégradation de la qualité de vie des habitants, un engorgement des infrastructures et une augmentation des coûts externes pour les entreprises. L'équilibre des espaces ruraux est menacé par la croissance mal maîtrisée de l'urbanisation et par la dispersion de l'habitat. Tant en milieu urbain que rural, les disparités en matière de confort du logement, de services et d'équipements s'exaspèrent.

En conclusion, voisinages, dépendances et intégration mettent en évidence le relatif isolement qui affecte l'ensemble des outre-mers. À l'échelle régionale, l'intégration est difficile en raison des disparités socioéconomiques. À l'échelle mondiale, ces espaces sont en marge des flux principaux de biens, de personnes et de capitaux. La métropole, «commutateur central» entre les différents espaces ultramarins, demeure au centre de leur espace relationnel.

Didier Benjamin, Henry Godard

Références : BONNEMAISON J., 1991, «Vivre dans l'île : une approche de l'îléité océanienne». *L'Espace géographique*, n° 2, p. 119-125.— CENTRE DE RECHERCHE SUR LES ESPACES TROPICAUX et CENTRE D'ÉTUDES DE GÉOGRAPHIE TROPICALE, 1983-1992, *Collection « Îles et archipels »*, Talence, CNRS, n° 1 à 15.— DEPRAETERE C., 1991, «Le phénomène insulaire à l'échelle du globe : tailles, hiérarchies et formes des îles océanes». *L'Espace géographique*, n° 2, p. 126-134.

Nous tenons à remercier particulièrement le personnel de la direction régionale de l'INSEE à la Réunion pour l'aide technique et scientifique qu'il a régulièrement apportée à la réalisation de ce volume de l'*Atlas de France* depuis son commencement en 1994 jusqu'à son achèvement en 1997. Nos remerciements s'adressent en particulier à Jean-Claude Hautcœur, directeur régional d'août 1991 à février 1996, René Jean, directeur régional à partir de février 1996, et Gilles Lecointre, chef du service Études et diffusion. L'aide que nous ont apportée Christian Hilico, chef du service régional de l'INSEE à la Martinique et René Hardy-Dessources, chef du département Études et diffusion du service régional de l'INSEE à la Martinique a été précieuse. Enfin, Jean-Claude Leclerq, chef du service de Statistique agricole à la Direction de l'agriculture et de la forêt de la Martinique nous a apporté l'aide nécessaire pour réaliser les cartes traitant de la structure des propriétés et de la répartition des cultures dans les DOM.

Sources cartographiques et statistiques : *Atlas zur Geschichte,* Leipzig, VEB Herann Haack, Geographisch-Kartographisch Anstalt Gotha, 1981.— BARRACLOUGH G., ed., 1984, *The Times Atlas of World History,* Londres, Times Books Ltd.— *Le Grand Atlas de l'histoire mondiale,* Paris, Albin Michel, «Encyclopædia Universalis», 1991.— INSTITUT GÉOGRAPHIQUE NATIONAL. Cartes touristiques et cartes de la série bleue des espaces étudiés, du 1/25 000 au 1/500 000, Paris : IGN.— INSTITUT NATIONAL DE LA STATISTIQUE ET DES ÉTUDES ÉCONOMIQUES et INSTITUT TERRITORIAL DE LA STATISTIQUE ET DES ÉTUDES ÉCONOMIQUES. - Résultats du recensement de la population dans les départements et territoires d'Outre-mer. 9 mars 1982 : Guadeloupe, Guyane, Martinique, Réunion, Saint-Pierre-et-Miquelon ; 15 avril 1983 : Nouvelle-Calédonie et dépendances ; 15 février 1983 : îles Wallis-et-Futuna ; 15 octobre 1983 : Polynésie française ; 5 août 1985 : Mayotte. - Résultats du recensement de la population de la Polynésie française du 6 septembre 1988, analyse des résultats, 2 vol.— 1989, Nouvelle-Calédonie, 3 vol. - Images de la population de la Nouvelle-Calédonie, principaux résultats du recensement 1989. - Recensement général de la population de 1990 - population - activités - ménages, le département et ses communes : 971 Guadeloupe, 972 Martinique, 973 Guyane, 974 Réunion, 975 Saint-Pierre-et-Miquelon, la France et ses régions. - Images de la population de Wallis-et-Futuna, principaux résultats du recensement 1990. - Recensement général de la population de la collectivité territoriale de Mayotte, août 1991.— INSTITUT NATIONAL DE LA STATISTIQUE ET DES ÉTUDES ÉCONOMIQUES. Disquettes Cheminement informatique sur le recensement pour le calcul et l'édition (CIRCE) relatives au recensement 1990 des DOM (découpage communal et quartiers 5 000).— INSTITUT NATIONAL DE LA STATISTIQUE ET DES ÉTUDES ÉCONOMIQUES (1991). Recensement général de la population de 1990, évolutions démographiques 1975-1982-1990, départements - arrondissements - communes - unités urbaines, départements d'Outre-mer. Paris : INSEE, 58 p.— INSTITUT NATIONAL DE LA STATISTIQUE ET DES ÉTUDES ÉCONOMIQUES et INSTITUT TERRITORIAL DE LA STATISTIQUE ET DES ÉTUDES ÉCONOMIQUES. Tableaux économiques régionaux (TER) : TER 93 Guadeloupe, TER 93 Guyane, TER 93 Martinique, TER 95/96 Réunion, Tableaux de l'économie polynésienne 93, Tableaux de l'économie calédonienne 94, Tableaux de l'économie française, 1995-1996.

1
Éloignement
et intégration

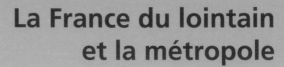

La France du lointain et la métropole

*L*es dynamiques d'intégration et d'assimilation des outre-mers à la métropole sont étudiées à travers deux thèmes, étroitement liés : l'usage de la langue française, ciment de l'unité nationale et l'implantation de populations originaires des outre-mers en métropole. L'accent est mis sur l'analyse des différenciations spatiales ultramarines, avec la part de la population écrivant le français, et sur celle de la répartition régionale des Domiens installés en métropole.

La langue française — qu'elle soit parlée ou écrite — est un vecteur essentiel d'assimilation et d'acculturation (carte 13.1.1 et graphique 13.1.2). Si les ouvrages traitant des parlers créoles et des langues vernaculaires permettent d'appréhender les concepts de créolité et d'identité dans les outre-mers, ils négligent souvent la dimension spatiale de ces phénomènes. Les pratiques linguistiques montrent en effet de profondes disparités non seulement entre les outre-mers, mais encore à l'intérieur de chacun de ces territoires, et ce en fonction des catégories sociales, des milieux urbain ou rural et du poids des traditions. En outre, les parlers créoles, les langues vernaculaires et le français cohabitent souvent au sein d'un même espace ou d'une même catégorie sociale en fonction des circonstances (nécessités professionnelles, démarches officielles, vie quotidienne). L'absence, ou l'hétérogénéité des données statistiques, interdit de représenter cartographiquement le poids respectif de la langue officielle et des langues autochtones.

Les résultats des enquêtes sur la pratique du français écrit doivent être interprétés avec précaution puisque les populations de référence ne sont pas toujours les mêmes. En dépit de ces limites, quelques enseignements peuvent être tirés de leur cartographie (carte 13.1.3). Dans tout l'Outre-mer, à l'exception de Saint-Pierre-et-Miquelon, la part de la population écrivant le français est inférieure à celle de la métropole. Ceci montre que, dans le domaine de la scolarisation, des efforts restent à faire partout. Néanmoins apparaissent entre les espaces ultramarins de profondes différences qui ne recoupent pas la distinction entre DOM, TOM et collectivités territoriales. En général, le pourcentage de personnes écrivant le français dépend de la date de la généralisation de la scolarisation, du pourcentage de la population autochtone, du poids des traditions et du lieu de résidence. Un premier ensemble se distingue, comprenant Saint-Pierre-et-Miquelon, la Martinique et la Nouvelle-Calédonie, le français jouant pour cette dernière

le rôle de langue fédératrice puisque 29 langues vernaculaires sont parlées par 70 000 personnes. La Guadeloupe est en situation intermédiaire entre ce premier groupe et un second, où la part de population écrivant le français est moins élevée et qui rassemble la Réunion, la Guyane (forte population étrangère peu alphabétisée) et la Polynésie française. Dans ce territoire, le tahitien, parlé dans l'ensemble de l'aire polynésienne, rend le français moins «utile». Enfin, un dernier ensemble associe Wallis-et-Futuna, avec 72% seulement de la population âgée de 15 ans et plus écrivant le français, à Mayotte, où c'est le cas de 43% des personnes âgées de 10 ans et plus.

On constate aussi de fortes disparités intercommunales, qu'expliquent de multiples facteurs. Dans les communes rurales, le niveau de connaissance du français écrit est plus bas que dans les communes urbaines. Celles-ci, mieux pourvues en écoles, abritent les catégories sociales les plus favorisées et concentrent un grand nombre d'emplois nécessitant la pratique du français écrit. Les communes regroupant un fort pourcentage de population étrangère sont aussi défavorisées : la Guyane, où le pourcentage de personnes écrivant le français est faible, est le seul espace ultramarin où le taux dans le chef-lieu du département est inférieur à celui d'autres communes. Enfin, dans les TOM, les différences géographiques sont également liées à la part de la population communale autochtone ou d'origine étrangère ; à l'échelle de l'ensemble de la Nouvelle-Calédonie, le pourcentage d'enfants âgés de 6 ans et plus qui ne sont pas scolarisés reflète ces disparités : 2% des Européens, 10% des Wallisiens et 17% des Indonésiens.

Les échanges de population entre les DOM et la métropole sont une autre composante majeure du processus d'intégration à l'espace national (carte 13.1.4). En 1990, 339 600 personnes (soit 18% de la population des outre-mers) nées dans les espaces ultramarins vivaient en métropole (93% étaient natives des DOM), soit un Domien

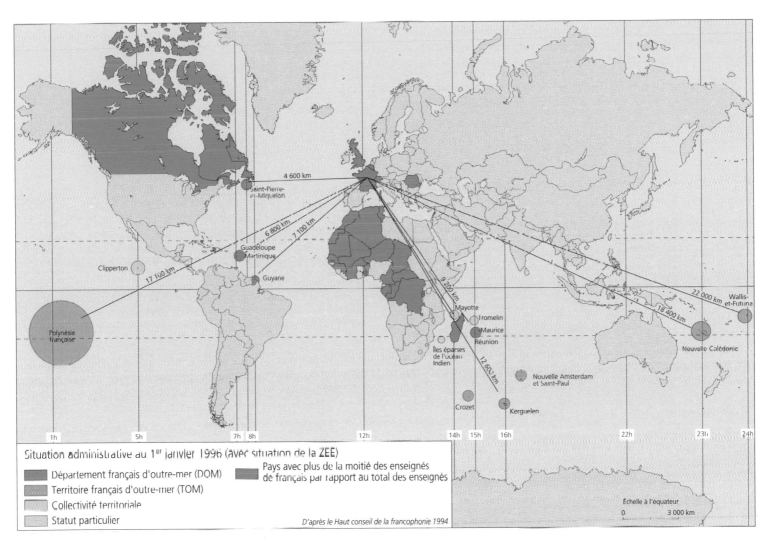

Situation administrative au 1ᵉʳ janvier 1996 (avec situation de la ZEE)

- Département français d'outre-mer (DOM)
- Territoire français d'outre-mer (TOM)
- Collectivité territoriale
- Statut particulier

Pays avec plus de la moitié des enseignés de français par rapport au total des enseignés

D'après le Haut conseil de la francophonie 1994

13.1.1. Les outre-mers et leurs liens avec la métropole

Les liaisons aériennes, véritable cordon ombilical entre les outre-mers et la métropole, atténuent les contraintes quotidiennes. Le français est la langue maternelle d'environ 105 millions de personnes dans le monde.

sur 5 et un Tomien ou habitant d'une collectivité territoriale sur 20. L'écart entre ces deux rapports s'explique à la fois par l'effet de la distance (carte 13.1.1), les structures ethniques, les spécificités culturelles des TOM et des collectivités territoriales. En 1982, 282 300 natifs des outre-mers résidaient en métropole (graphique 13.1.5). Entre les deux derniers recensements, le taux d'accroissement était de 20%, soit la croissance la plus modérée depuis 1954. Cette population présente de nombreuses particularités : une prépondérance féminine, même si l'écart tend à se réduire ; une forte proportion de jeunes et

d'adultes (87% entre 15 et 64 ans), ce qui induit un fort taux d'activité (74% contre 55% pour les métropolitains) ; un taux de chômage (13% en 1990) plus proche de celui des métropolitains que de celui des étrangers ; la suprématie du salariat (97% des actifs contre 86% des actifs métropolitains) ; une forte tertiarisation (80% des actifs contre 67% des métropolitains) ; une préférence pour la fonction publique (plus de 50% des salariés contre 34% en métropole) ; enfin une installation durable, voire définitive.

L'implantation régionale des natifs des départements français d'Amérique (DFA) et des Réunionnais diffère

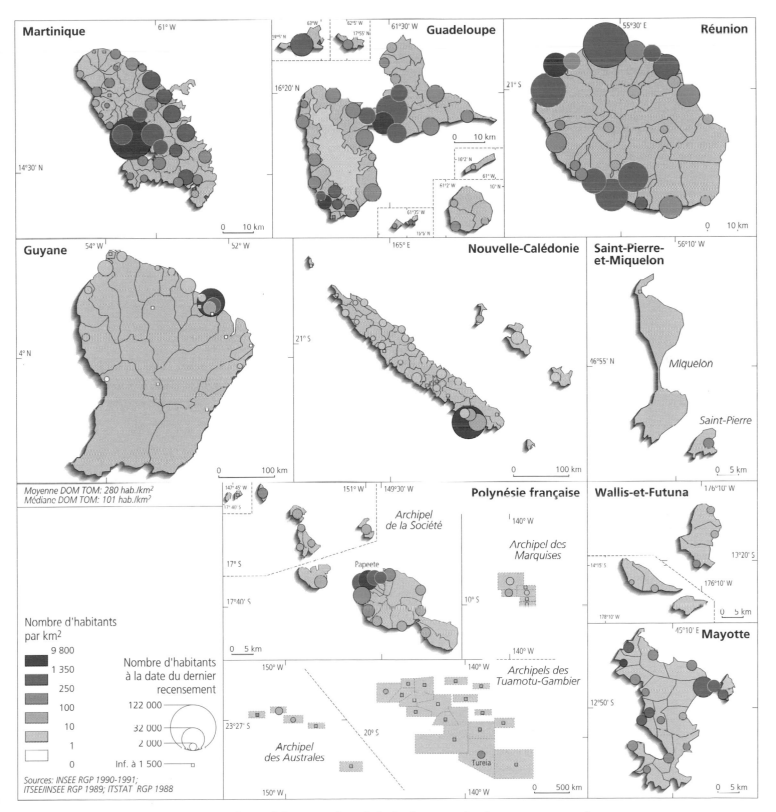

13.1.7. Répartition et densité de la population communale

Les effectifs de population distinguent les DOM insulaires des autres outre-mers. Le contraste entre « vides » et « pleins » et les phénomènes de polarisation urbaine s'individualisent avec netteté.

*L*es nuances du métissage dans les sociétés et cultures des outre-mers traduisent le degré d'intensité du brassage qui s'est opéré parmi les populations originaires d'aires de civilisation extrêmement diverses. Les clivages sociaux et ethniques qui persistent, particulièrement entre groupes allochtones et autochtones des TOM, favorisent l'expression de revendications indépendantistes.

La population autochtone représente 87% des habitants des outre-mers (carte 13.1.8). Cette proportion varie de 90% en Martinique et à la Réunion, à 51% en Guyane. La population d'origine métropolitaine s'échelonne entre 2% à Mayotte et 12% en Guyane. Les étrangers sont fortement représentés en Guyane (32%) et à Mayotte (16% dont 82% de Comoriens). Les originaires d'un autre espace ultramarin sont les plus nombreux en Guyane (6%) et en Nouvelle-Calédonie (6%, dont 62% de Wallisiens et 34% de Futuniens). Ce territoire se singularise aussi par une forte proportion d'Européens (34%) alors que les Mélanésiens rassemblent 45% de la population. Dans tous les outre-mers, la population allochtone se regroupe dans les agglomérations principales, les communes voisines résidentielles ou touristiques et dans certaines communes dont les activités sont spécifiques (Kourou, Hao et Tureia). Certains outre-mers se démarquent de l'ensemble en raison de conditions particulières : la Guyane reste une terre d'accueil pour les immigrants légaux et clandestins ; la Nouvelle-Calédonie (carte 13.1.9) se caractérise par une forte opposition entre les îles Loyauté et la province Nord fortement mélanésiennes (en 1989, les 337 tribus étaient regroupées en 184 réserves couvrant 22% de la superficie du territoire) et la province Sud, fief des Européens ; Mayotte accueille peu de métropolitains, mais de nombreux Comoriens, regroupés essentiellement à Mamoudzou et dans les communes voisines ; Wallis-et-Futuna se singularise par une forte homogénéité de la population autochtone (97% des habitants sont originaires de l'une des deux îles).

L'étude de la pluriethnicité et du métissage permet de dégager des convergences dans les modes de distribution spatiale des communautés des outre-mers et de mettre en évidence le contraste entre pluralité des ethnies et niveau de métissage. La Nouvelle-Calédonie en est un exemple. En dépit des nombreux métissages, plusieurs groupes ethniques d'origine différente se répartissent de façon inégale selon les provinces ; la forte ségrégation qui y sévit depuis plus de quatre-vingts ans a donné naissance à deux sociétés : celle des Caldoches et celle des Kanaks.

En Guyane (carte 13.1.10), les communautés sont également très diversifiées ; elles se côtoient sans mésentente et dans une relative «ignorance». Le trait déterminant de la population guyanaise est la pluriethnicité, dont l'enjeu devient l'identité créole guyanaise.

Aux Antilles, les groupes ethniques sont moins nombreux et restent particulièrement cloisonnés. Les mulâtres et les Noirs dominent (80% en Guadeloupe) ; la population indienne originaire du Sud-Est asiatique, les Blancs créoles ou «békés», les métropolitains et la petite communauté syro-libanaise rassemblent respectivement 10%, 4%, 5% et 1% des Guadeloupéens.

À Mayotte, le peuplement se compose essentiellement de Mahorais et de Malgaches arrivés au XIXe siècle, communautés auxquelles s'ajoutent des populations nées dans les autres îles de l'archipel des Comores et dans celles de l'océan Indien, quelques Indiens et des métropolitains. La société est fortement cimentée par la religion musulmane, pratiquée par la majorité de la population.

Au sein des outre-mers, la Réunion est le seul exemple d'une société très métissée, avec toutefois quelques nuances socioculturelles qui sont un héritage historique. L'île regroupe des populations d'origine variée qui proviennent de l'aire indiano-océanique («Cafres» d'Afrique, Malgaches, «Malabars» de

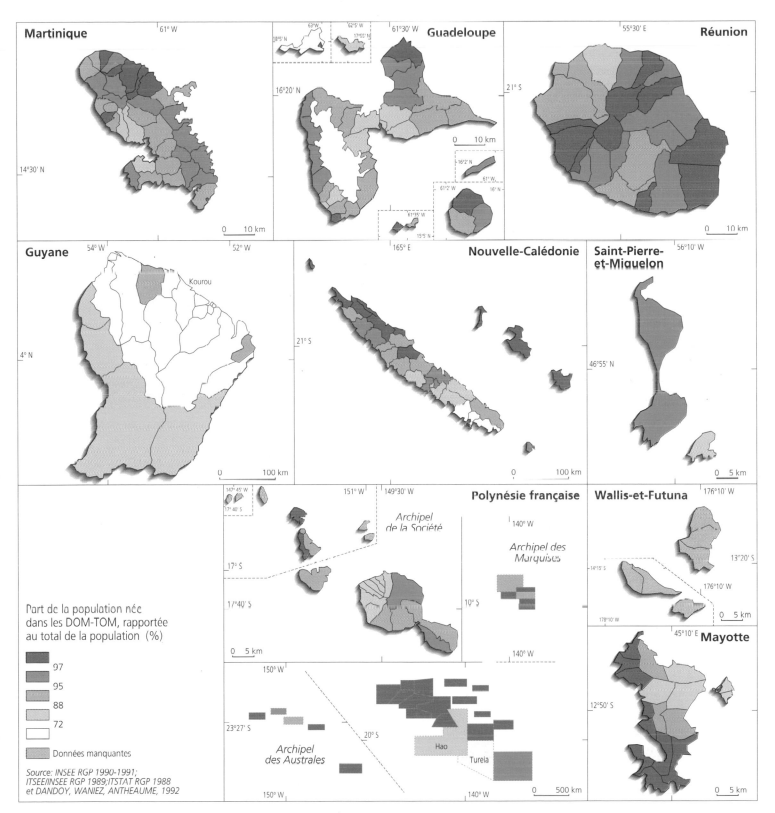

13.1.8. La population native des DOM-TOM

La population allochtone est rassemblée dans les centres urbains principaux et représente une part élevée de la population en Guyane, dans le Sud de la Nouvelle-Calédonie et dans des communes aux activités spécialisées.

Part de la population née dans les DOM-TOM, rapportée au total de la population (%)

- 97
- 95
- 88
- 72
- Données manquantes

Source: INSEE RGP 1990-1991;
ITSEE/INSEE RGP 1989;ITSTAT RGP 1988
et DANDOY, WANIEZ, ANTHEAUME, 1992

l'Inde, Chinois, «Z'arabes» indo-pakistanais), exception faite des «Z'oreils» de métropole.

L'analyse des élections régionales de 1992 souligne la montée en puissance du courant indépendantiste. Dans les DOM, celui-ci a rencontré un succès inégal ; à la Réunion, aucune liste ne représentait cette tendance, alors qu'on en dénombrait deux en Guyane et quatre dans chacun des départements antillais.

La Martinique se singularise par une nette poussée de l'indépendantisme (carte 13.1.11). Si en 1983 et 1986 les listes indépendantistes ne représentaient que 5% et 8% de l'électorat, elles ont rassemblé 22% des suffrages en 1990 et 24% en 1992. Désormais, le courant indépendantiste s'immisce dans le jeu du pouvoir régional, avec d'autant plus d'effet qu'il constitue une minorité capable de faire basculer certains votes. En 1992, les élus indépendantistes ont d'ailleurs obtenu cinq des treize présidences de commission de l'assemblée régionale. Un des résultats majeurs des lois de décentralisation est d'avoir fourni le cadre institutionnel de la reconnaissance du courant indépendantiste.

L'analyse géographique des élections à l'échelle communale montre que le tiers septentrional de l'île demeure le bastion de la droite martiniquaise, tandis que Rivière-Pilote et Sainte-Anne sont les deux foyers de la propagation indépendantiste. On observe un gradient nord-sud de l'indépendantisme, qui s'explique tant par le charisme régional de certains leaders que par la corrélation, caractéristique des communes du Nord de l'île, entre vote de droite, ruralité et régression démographique.

À la Guadeloupe (carte 13.1.11), qui fut confrontée à la lutte armée clandestine et à des attentats au début des années 1980, la mouvance indépendantiste avait été désorganisée et divisée. Elle renaît en s'engageant avec succès dans le combat institutionnel, obtenant en 1992 deux sièges (8% des suffrages exprimés) et trois sièges aux élections de 1993, après l'annulation des précédentes par le Conseil d'État.

En Guyane (carte 13.1.11), le mouvement indépendantiste est plus faible qu'aux Antilles, les deux listes ne recueillant que 7% des suffrages exprimés aux élections de 1992. Il est cependant assez bien représenté dans l'ensemble de l'«Île» de Cayenne qui enregistre un taux moyen supérieur à la moyenne (9%). La barre des 5% est franchie dans deux autres communes, dont celle de Kourou. Ce résultat peut y être interprété comme la réaction des autochtones dans une ville devenue majoritairement européenne face à la montée d'une extrême-droite active sous la bannière du Front national, qui a réuni près de 17% des suffrages exprimés. Dans l'Intérieur enclavé, le mouvement indépendantiste est très faible, moins de 1% des suffrages en général.

Les élections récentes en Polynésie française (1996) et en Nouvelle-Calédonie (1989) démontrent l'existence d'un sentiment indépendantiste plus affirmé que dans les départements français d'Amérique. En Polynésie française, l'arrêt des expérimentations nucléaires et la fermeture du Centre d'expérimentation du Pacifique constituent une perte majeure de revenus qui sera compensée par l'État, celui-ci accordant une aide de 990 millions de francs pendant 10 ans. Ceci prive les indépendantistes d'une partie de leurs arguments (en septembre 1995 les émeutes anti-nucléaires ont culminé à Papeete). Malgré leurs divisions (plus de la moitié des 34 listes en présence se réclamaient de cette tendance) et un découpage défavorable des circonscriptions électorales, les indépendantistes ont amélioré leur position en obtenant 25% des voix et 10 sièges contre 4 en 1991.

En Nouvelle-Calédonie, les consultations électorales destinées à renouveler l'assemblée territoriale reflètent à la fois la diversité sociale et culturelle du territoire, et le poids des enjeux institutionnels qui divisent l'électorat entre partisans de l'indépendance et partisans du maintien de la présence française. En 1989, les deux partis dominants sont la droite, dont le leader, Jacques Lafleur, est député RPR et président du Rassemblement pour la Calédonie dans la République (RPCR) (44% des suffrages), et le Front de libération kanak et socialiste (FLNKS), dont le président Roch Wamytan a obtenu 29% des voix contre 13% en 1977. La province Sud et Nouméa, peuplées

Éloignement et intégration

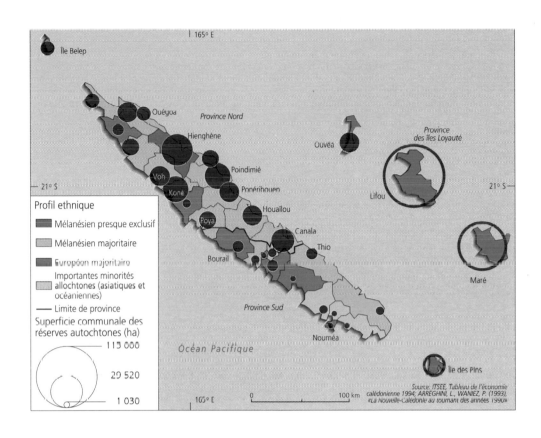

13.1.9. Profil ethnique communal en Nouvelle-Calédonie

La population autochtone est concentrée dans les réserves du Nord de la Grande-Terre et des dépendances. À cette dissymétrie nord-sud, s'ajoute une opposition est ouest; la population d'origine européenne, asiatique et océanique est regroupée sur la côte sous le vent, essentiellement dans les centres urbains.

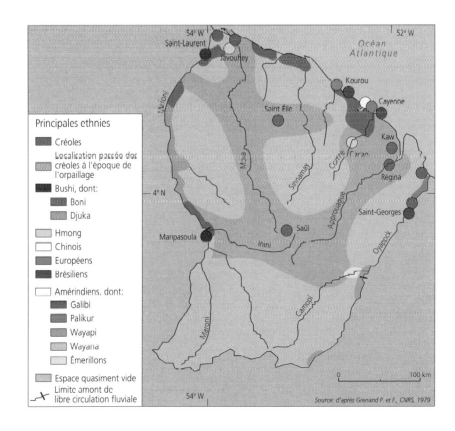

13.1.10. Groupes ethniques en Guyane

Les communautés de la Guyane sont très diversifiées : six peuples amérindiens, Bushi (ou Noirs marrons), groupe dominant et composite des Créoles, Européens, Brésiliens de Guyane, Chinois et Hmong. Les Créoles, qui rassemblent environ 45% de la population guyanaise, sont présents sur l'ensemble du territoire. Les autres ethnies occupent des localisations ponctuelles.

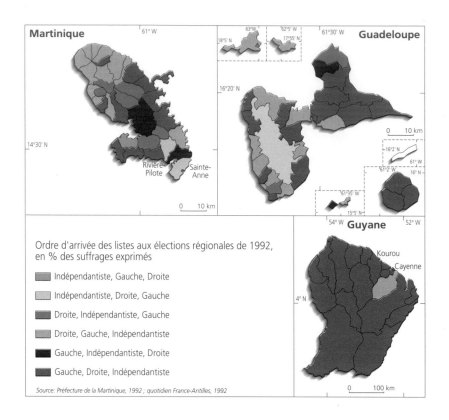

Martinique

61° W

14°30' N

Rivière-
Pilote

Sainte-
Anne

0   10 km

Guadeloupe

63°W   62°5' W   61°30' W

18°5' N   17°55' N

16°20' N

0   10 km

16°2' N

61° W

61°2' W   16° N

61°35' W

15°5' N

Guyane

54° W   52° W

Kourou

Cayenne

4° N

0   100 km

Ordre d'arrivée des listes aux élections régionales de 1992,
en % des suffrages exprimés

Indépendantiste, Gauche, Droite

Indépendantiste, Droite, Gauche

Droite, Indépendantiste, Gauche

Droite, Gauche, Indépendantiste

Gauche, Indépendantiste, Droite

Gauche, Droite, Indépendantiste

Source: Préfecture de la Martinique, 1992 ; quotidien France-Antilles, 1992

13.1.11. Les listes indépendantistes aux élections régionales
Les listes indépendantistes ont jadis obtenu leurs meilleurs résultats en Martinique. Dans quatre communes de la Guadeloupe, elles arrivent en deuxième position. En Guyane, leur représentation est plus faible.

d'Européens et d'autres ethnies allochtones, sont farouchement anti-indépendantistes et l'extrême-droite y a obtenu 14% des voix. En revanche, la province Nord et les îles Loyauté, à dominante mélanésienne, sont favorables à l'indépendance. Avant l'interruption des négociations avec le gouvernement central en avril 1996, les indépendantistes avaient obtenu satisfaction sur deux points : reconnaissance des erreurs de la colonisation française et soutien de l'État au projet d'implantation d'une usine de raffinage du nickel dans le Nord du territoire afin de rééquilibrer l'économie de l'archipel.

Les succès du courant indépendantiste posent le problème du statut des outre-mers. Les Mahorais seront consultés sur la question de la départementalisation. Le référendum d'autodétermination prévu pour 1998 fixera l'avenir institutionnel de la Nouvelle-Calédonie.

*Marie S. Bock, André Calmont, Henry Godard,
Christian de Vassoigne
avec la collaboration de Benoît Antheaume,
Didier Benjamin, Philippe Waniez*

Références : ARRÉGHINI L., WANIEZ Ph., *La Nouvelle-Calédonie au tournant des années 1990*, Paris-Montpellier, La Documentation française, 1993.— GRENAND P., GRENAND F., «Les groupes humains», *Atlas des départements français d'outre-mer, IV La Guyane*, Paris, CNRS-ORSTOM, 1979.— DANDOY G., WANIEZ P., ANTHEAUME B., 1992, «Autochtones et langue française dans les départements et territoires d'Outre-mer», *Mappemonde*, 2, p. 46-48.

Les risques naturels

*Q*uatre types de risques majeurs, susceptibles d'aboutir à des situations de catastrophe naturelle, intéressent les outre-mers, particulièrement les Antilles et la Réunion : les cyclones tropicaux, les séismes, les éruptions volcaniques et les inondations à la suite de crues torrentielles ou d'ondes de tempête.

En raison de leur situation en latitude, la plupart des outre-mers se trouvent sur la trajectoire des ouragans tropicaux (tableau, carte 13.1.12 et graphique 13.1.13). À la Réunion, à la Guadeloupe et à la Martinique, le risque cyclonique réside à la fois dans la fréquence et la violence des manifestations (cartes 13.1.14, 13.1.16 et 13.1.17). Les typhons affectant la Polynésie française ou la Nouvelle-Calédonie (carte 13.1.15) peuvent entraîner des dommages similaires, mais la fréquence du phénomène cyclonique y est bien moindre : tous les 25 ans en moyenne contre tous les 2 ans dans les petites Antilles.

La violence cyclonique est généralement définie par la vitesse des vents. En septembre 1989, le passage de l'ouragan Hugo sur la Guadeloupe a anéanti 6 300 ha de bananeraies et causé la destruction de 10 000 habitations ; les vents dépassaient 200 km/h. Au-delà du classement anémométrique des cyclones, des manifestations souvent plus dévastatrices, comme l'intensité des pluies, jouent un rôle essentiel. Des inondations et une forte érosion des sols surviennent lorsqu'un seuil d'intensité pluviale est franchi pendant une certaine durée. En janvier 1980 à la Réunion, le passage du cyclone Hyacinthe a entraîné des précipitations dépassant 3 000 mm à Cilaos, soit, en quelques jours, un total supérieur de moitié à celui d'une année moyenne (graphique 13.1.13).

Dans ces îles-volcans aux pentes raides, les sols gorgés d'eau sont aptes aux mouvements de masse sur les versants, ensevelissant parfois des lieux habités tel le hameau de Mafate en 1913 à la Réunion. Comme à Tahiti, le cœur de l'île est éventré par de profonds « cirques » coalescents entourés de parois subverticales, les « remparts ». Le passage des cyclones active le ravinement des matériaux volcaniques, provoque le départ de coulées boueuses et l'effondrement de pans entiers de versants. Constituant des compartiments abaissés, parfois accrochés aux parois des remparts, des petits plateaux souvent inclinés, les « îlets », rassemblent des habitations et des cultures qui risquent de disparaître

lors d'une prochaine saison cyclonique (exemple de Grand-Îlet dans le cirque de Salazie).

Les autres risques majeurs sont liés à l'instabilité du sous-sol. La Martinique et la Guadeloupe, en bordure de la plaque Caraïbe, peuvent être soumises à de nouveaux séismes très violents comme en 1839 ou en 1843. À l'exception de la Guyane (carte 13.1.18), de Saint-Pierre-et-Miquelon et des Terres australes et antarctiques françaises (TAAF) où le risque est très faible, les autres espaces ultramarins ne sont pas à l'abri de séismes de moyenne intensité (carte 13.1.19), comme l'indique leur séismicité historique.

Les éruptions volcaniques sont plus fréquentes à la Réunion que dans les départements antillais. Cependant, le risque y est moins élevé dans la mesure où les éruptions du Piton de la Fournaise, situé dans un secteur peu peuplé, ont un caractère effusif et sont généralement prévisibles. Beaucoup plus rares, les éruptions de la montagne Pelée et de la Soufrière constituent au contraire de lourdes menaces pour la Martinique et la Guadeloupe, en raison de leur caractère explosif (carte 13.1.20).

Les outre-mers peuvent également connaître d'autres phénomènes destructeurs, souvent liés aux précédents. Ainsi, les raz de marée provoqués par des séismes sous-marins, parfois très éloignés, présentent un danger non négligeable, en Polynésie française notamment.

Si l'on considère les risques globalement, les départements antillais sont les plus exposés, car confrontés à tous les types d'aléas ; la Réunion est aussi très vulnérable. En outre, l'évaluation du risque doit être modulée en fonction de la pente et de l'orientation des secteurs considérés. L'alternance de saisons sèches et humides sur les versants sous le vent des îles tropicales (climogrammes de Basse-Terre et de Cilaos, graphique 13.1.13) contribue à fragiliser le sol en cas de fortes pluies.

Dans les secteurs au vent, la déforestation accélère la pédogenèse ferrallitique et facilite le décapage des sols par les actions de ruissellement. Les aléas volcaniques,

Quelques catastrophes anciennes

Martinique	1780	Ouragan	L'ouragan le plus meurtrier de l'histoire des Antilles. Plus de 7 000 morts.
Martinique	1839	Séisme	Plus de 300 morts, destruction quasi totale des habitations de Fort-de-France.
Guadeloupe	1843	Séisme	Plus de 3 000 morts, certains quartiers de Pointe-à-Pitre totalement rasés.
Réunion	1875	Mouvement de terrain	Un éboulement tue 62 personnes.
Martinique	1902	Éruption volcanique	Les nuées ardentes de la montagne Pelée détruisent Saint-Pierre le 8 mai (29 000 morts) et Morne-Rouge le 30 mai (1 000 morts).
Polynésie française	1903	Cyclone	517 morts dans l'archipel des Tuamotu.
Guadeloupe	1928	Ouragan	1 200 morts, l'ouragan le plus meurtrier du XXe siècle aux Antilles.
Nouvelle-Calédonie	1939	Cyclone	Les îles Belep et Loyauté sont dévastées.
Polynésie française	1946	Raz de marée	Raz de marée lié à un séisme sous-marin survenu au large des côtes de l'Alaska, importants dégâts et plusieurs victimes, notamment aux îles Marquises .
Réunion	1948	Cyclone	165 morts.

... et d'autres plus récentes

Martinique	1970	Tempête tropicale Dorothy	44 morts, 200 millions de F de dégâts.
Guadeloupe	1976	Menace volcanique (Soufrière)	75 000 personnes évacuées.
Martinique	1979	Ouragan David	30 morts, 500 millions de F de dégâts.
Réunion	1980	Cyclone Hyacinthe	25 morts, 7 500 sinistrés, des dégâts considérables.
Polynésie française	1982-1983	Cyclones	5 cyclones en 5 mois, 15 morts, plus de 500 millions de F de dégâts.
Nouvelle-Calédonie	1988	Cyclone Anne	200 millions de F de dégâts.
Réunion	1989	Cyclone Firinga	4 morts et 1 milliard de F de dégâts.
Guadeloupe	1989	Ouragan Hugo	7 morts, 35 000 sinistrés, 5 milliards de F de dégâts.
Futuna	1993	Séisme	3 morts et importants dégâts.
Guadeloupe	1995	Ouragans Luis et Marylin	3 morts et 3 milliards de F de dégâts (agriculture, infrastructures publiques).

Les grandes catastrophes naturelles

sismiques et cycloniques sont moindres à Mayotte, en Nouvelle-Calédonie, à Wallis-et-Futuna et en Polynésie française ; néanmoins, la faible fréquence de certains phénomènes ne diminue nullement leur capacité de destruction. L'exiguïté de ces territoires tend à aggraver relativement l'impact des risques naturels. Lors du passage d'un ouragan ou lors d'une éruption volcanique, une grande partie du territoire insulaire, voire sa totalité, est affectée. Le coût économique et social de la catastrophe est souvent considérable. L'évacuation du cinquième de la population de la Guadeloupe lors de la crise de la Soufrière en 1976 illustre ce problème. Les effets du passage de cinq typhons au cours de l'année 1983 dans l'archipel des Tuamotu ont conduit les habitants à abandonner certaines îles trop isolées et trop exiguës, qui ne disposent pas des ressources indispensables à la reconstitution rapide du fragile écosystème corallien.

Parmi ces terres à hauts risques, la Guyane et les outre-mers situés hors du monde intertropical font figure de territoires moins exposés. Cependant, les risques existent, puisque l'excès des vents et des eaux ne se réduit pas au domaine tropical insulaire. C'est ainsi que des vents violents et des perturbations de front polaire balayent en permanence Saint-Pierre-et-Miquelon et les TAAF. Au cap Denison, en terre Adélie, des vents en rafales ont été mesurés à 320 km/h. De ce fait, la navigation à proximité des côtes est rendue difficile ; au large de la terre Adélie et de Saint-Pierre-et-Miquelon s'ajoutent les périls occasionnés par les glaces dérivantes.

Si les risques évoqués sont difficilement évitables, l'action humaine peut en aggraver ou en atténuer les effets. La répartition du peuplement, le mode d'occupation des secteurs à risques et l'absence ou l'insuffisance de politique de planification préventive accroissent la gravité des dégâts et posent des problèmes d'aménagement dans la plupart des outre-mers. Au cours des deux derniers siècles, la croissance démographique et le développement économique ont conduit au défrichement et à la mise à nu de sols forestiers, à la mise en culture de sols sur des pentes de plus en plus fortes, ainsi qu'à une surexploitation des ressources naturelles. En Nouvelle-Calédonie, l'envasement des baies et d'une partie du lagon a été amplifié par le « boom » du nickel des années 1960. Aux Antilles, à la Réunion, à Mayotte ou sur la côte guyanaise, l'urbanisation incontrôlée et le mitage de l'espace rural ont profondément modifié le paysage. Des projets de parcs marins, intéressant plus particulièrement les écosystèmes des mangroves et des récifs coralliens,

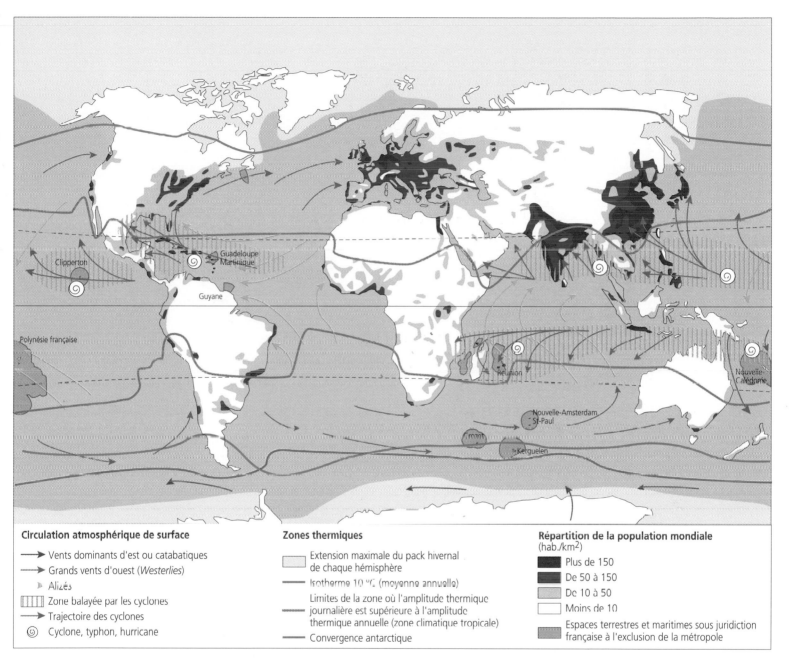

Circulation atmosphérique de surface

→ Vents dominants d'est ou catabatiques

→ Grands vents d'ouest (*Westerlies*)

▷ Alizés

▥ Zone balayée par les cyclones

→ Trajectoire des cyclones

◎ Cyclone, typhon, hurricane

Zones thermiques

▢ Extension maximale du pack hivernal de chaque hémisphère

— Isotherme 10 °C (moyenne annuelle)

Limites de la zone où l'amplitude thermique journalière est supérieure à l'amplitude thermique annuelle (zone climatique tropicale)

— Convergence antarctique

Répartition de la population mondiale (hab./km²)

■ Plus de 150

▨ De 50 à 150

▦ De 10 à 50

□ Moins de 10

▦ Espaces terrestres et maritimes sous juridiction française à l'exclusion de la métropole

13.1.12. Une dominante australe et océanique

Les influences océaniques apportent aux outre-mers précipitations bénéfiques et cyclones destructeurs.

voient le jour ; des réserves naturelles ont été constituées aux Antilles et en Guyane.

Depuis une vingtaine d'années, des efforts importants ont été consentis en matière de prévision des risques naturels. Un réseau de surveillance sismique et volcanologique a été mis en place aux Antilles et à la Réunion. Les centres ultramarins de la Météorologie nationale sont désormais reliés à des réseaux internationaux de surveillance cyclonique. Toutefois, face à l'importance des risques, la prévision de certains phénomènes, la prévention et la préparation des populations sont encore insuffisantes. L'établissement de plans ORSEC par les représentants de l'État, en liaison de plus en plus étroite avec les élus locaux, a permis d'améliorer les dispositifs

(suite p. 38)

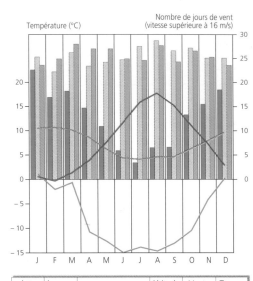

lat.	long.		Altitude	Vent	Temp.
46°46' N	56°10' W	Saint-Pierre-et-Miquelon	3 m		
45°21' S	70°15' E	Port-aux-Français	30 m		
66°39' S	140°01' E	Dumont-d'Urville	43 m		

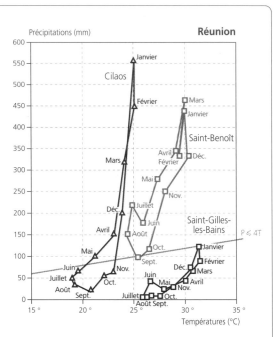

□ Stations au vent
Saint-Benoît (altitude : 10 m)
Yate (altitude : 5 m)

△ Station d'altitude au vent
Neuf-Château (altitude : 250 m)

□ Stations sous le vent
Basse-Terre (altitude : 50 m)
Saint-Gilles-les-Bains (altitude : 5 m)
Tontouta (altitude : 10 m)

△ Station d'altitude sous le vent
Cilaos (altitude : 1 200 m)

P ≤ 4T Droite délimitant les mois secs

Source: Annales météorologiques de la France d'outre-mer, 1977 et 1978

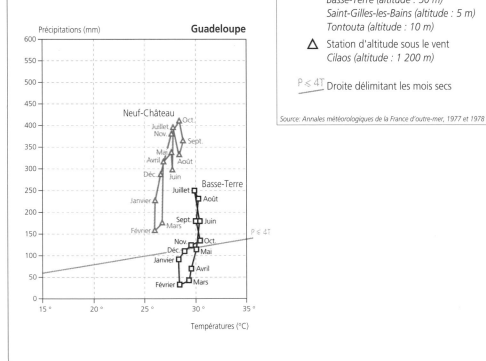

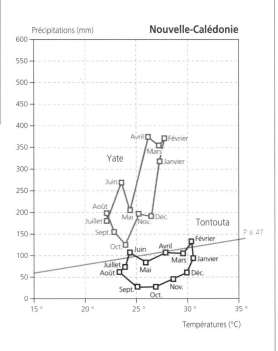

13.1.13. Les oppositions climatiques

Dans la zone intertropicale, les climogrammes montrent des variations thermiques et pluviométriques en fonction de l'altitude et de l'exposition au vent dominant.

Éloignement et intégration

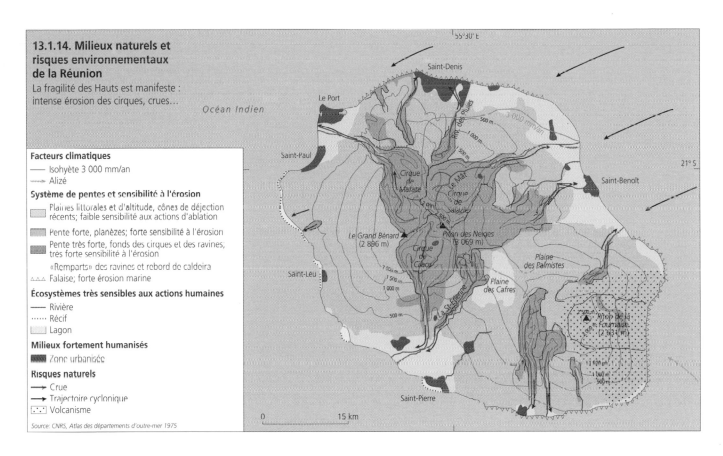

13.1.14. Milieux naturels et risques environnementaux de la Réunion

La fragilité des Hauts est manifeste : intense érosion des cirques, crues…

Facteurs climatiques
— Isohyète 3 000 mm/an
→ Alizé

Système de pentes et sensibilité à l'érosion
Plaines littorales et d'altitude, cônes de déjection récents; faible sensibilité aux actions d'ablation
Pente forte, planèzes; forte sensibilité à l'érosion
Pente très forte, fonds des cirques et des ravines, très forte sensibilité à l'érosion
«Remparts» des ravines et rebord de caldeira
△△△ Falaise; forte érosion marine

Écosystèmes très sensibles aux actions humaines
— Rivière
····· Récif
Lagon

Milieux fortement humanisés
Zone urbanisée

Risques naturels
→ Crue
→ Trajectoire cyclonique
Volcanisme

Source: CNRS, Atlas des départements d'outre-mer 1975

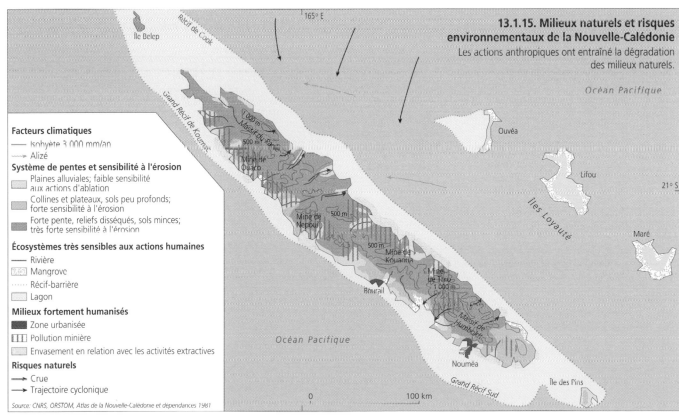

13.1.15. Milieux naturels et risques environnementaux de la Nouvelle-Calédonie

Les actions anthropiques ont entraîné la dégradation des milieux naturels.

Facteurs climatiques
— Isohyète 3 000 mm/an
→ Alizé

Système de pentes et sensibilité à l'érosion
Plaines alluviales; faible sensibilité aux actions d'ablation
Collines et plateaux, sols peu profonds; forte sensibilité à l'érosion
Forte pente, reliefs disséqués, sols minces; très forte sensibilité à l'érosion

Écosystèmes très sensibles aux actions humaines
— Rivière
Mangrove
····· Récif-barrière
Lagon

Milieux fortement humanisés
Zone urbanisée
Pollution minière
Envasement en relation avec les activités extractives

Risques naturels
→ Crue
→ Trajectoire cyclonique

Source: CNRS, ORSTOM, Atlas de la Nouvelle-Calédonie et dépendances 1981

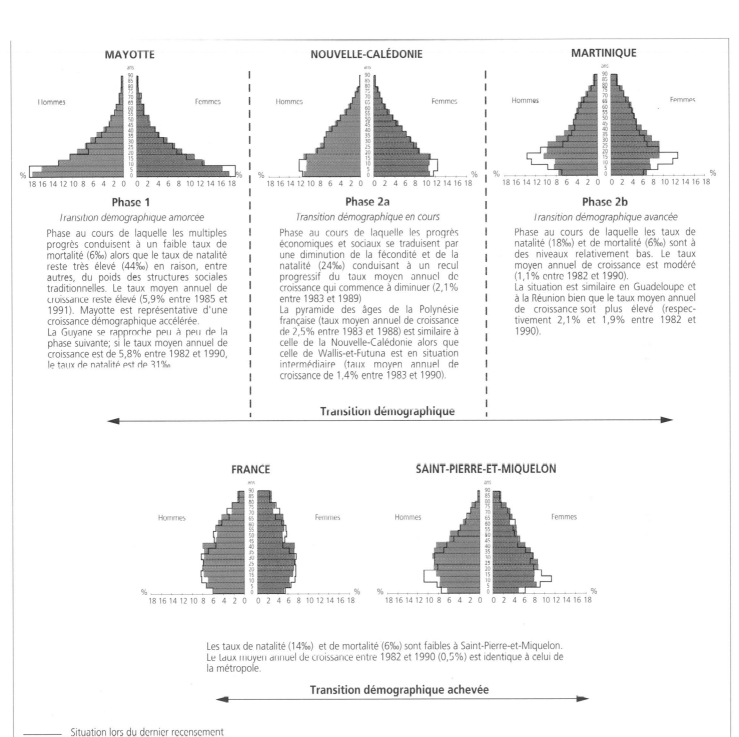

MAYOTTE

Hommes — Femmes

Phase 1

Transition démographique amorcée

Phase au cours de laquelle les multiples progrès conduisent à un faible taux de mortalité (6‰) alors que le taux de natalité reste très élevé (44‰) en raison, entre autres, du poids des structures sociales traditionnelles. Le taux moyen annuel de croissance reste élevé (5,9% entre 1985 et 1991). Mayotte est représentative d'une croissance démographique accélérée.
La Guyane se rapproche peu à peu de la phase suivante; si le taux moyen annuel de croissance est de 5,8% entre 1982 et 1990, le taux de natalité est de 31‰

NOUVELLE-CALÉDONIE

Hommes — Femmes

Phase 2a

Transition démographique en cours

Phase au cours de laquelle les progrès économiques et sociaux se traduisent par une diminution de la fécondité et de la natalité (24‰) conduisant à un recul progressif du taux moyen annuel de croissance qui commence à diminuer (2,1% entre 1983 et 1989)
La pyramide des âges de la Polynésie française (taux moyen annuel de croissance de 2,5% entre 1983 et 1988) est similaire à celle de la Nouvelle-Calédonie alors que celle de Wallis-et-Futuna est en situation intermédiaire (taux moyen annuel de croissance de 1,4% entre 1983 et 1990).

MARTINIQUE

Hommes — Femmes

Phase 2b

Transition démographique avancée

Phase au cours de laquelle les taux de natalité (18‰) et de mortalité (6‰) sont à des niveaux relativement bas. Le taux moyen annuel de croissance est modéré (1,1% entre 1982 et 1990).
La situation est similaire en Guadeloupe et à la Réunion bien que le taux moyen annuel de croissance soit plus élevé (respectivement 2,1% et 1,9% entre 1982 et 1990).

Transition démographique

FRANCE

Hommes — Femmes

SAINT-PIERRE-ET-MIQUELON

Hommes — Femmes

Les taux de natalité (14‰) et de mortalité (6‰) sont faibles à Saint-Pierre-et-Miquelon. Le taux moyen annuel de croissance entre 1982 et 1990 (0,5%) est identique à celui de la métropole.

Transition démographique achevée

—— Situation lors du dernier recensement
—— Situation lors de l'avant-dernier recensement

Sources: INSEE RGP 1990-1991; ITSEE/INSEE RGP 1989; ITSTAT RGP 1988

13.2.2. Les différents stades de la transition démographique

L'analyse des pyramides des âges fait apparaître une dispersion des outre-mers entre les différents stades de la transition démographique. Cette situation s'explique par la diversité des traditions culturelles, la variété des structures familiales et l'évolution des mouvements migratoires.

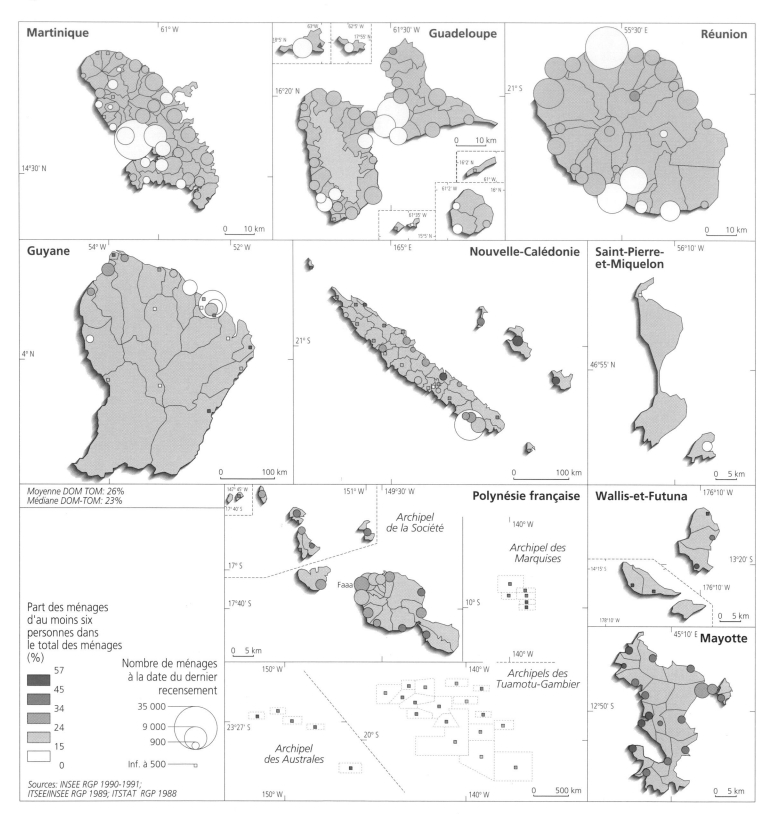

Martinique

61° W

14°30' N

0   10 km

Guadeloupe

18°5' N   63°W   '62°5' W   17°55' N   61°30' W

16°20' N

0   10 km

16'2' N   61° W,

61°2' W   16° N

61°35' W

15'5' N

Réunion

55°30' E

21° S

0   10 km

Guyane

54° W   52° W

4° N

0   100 km

Moyenne DOM TOM: 26%
Médiane DOM-TOM: 23%

Nouvelle-Calédonie

165° E

21° S

0   100 km

Saint-Pierre-et-Miquelon

56°10' W

46°55' N

0   5 km

Part des ménages
d'au moins six
personnes dans
le total des ménages
(%)

57
45
34
24
15
0

Nombre de ménages
à la date du dernier
recensement

35 000

9 000

900

Inf. à 500

Sources: INSEE RGP 1990-1991;
ITSEE/INSEE RGP 1989; ITSTAT RGP 1988

Polynésie française

147° 45' W   151° W   149°30' W

17° 40' S

*Archipel
de la Société*

17° S

17°40' S

Faaa

0   5 km

150° W

23°27' S   20° S

*Archipel
des Australes*

150° W   140° W

140° W

*Archipel des
Marquises*

*Archipels des
Tuamotu-Gambier*

140° W

140° W

0   500 km

Wallis-et-Futuna

176°10' W

140° W

13°20' S

14°15' S   176°10' W

178°10' W   0   5 km

Mayotte

45°10' E

12°50' S

0   5 km

13.2.3. Les ménages d'au moins six personnes

Dans tous les outre-mers, les familles nombreuses sont plus rares dans les communes à dominante urbaine.

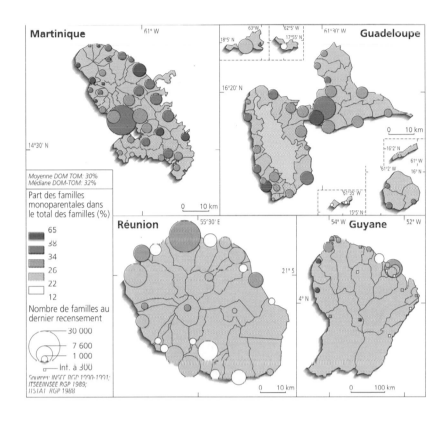

Martinique

Guadeloupe

Moyenne DOM TOM: 30%
Médiane DOM-TOM: 32%

Part des familles
monoparentales dans
le total des familles (%)

65
38
34
26
22
12

Nombre de familles au
dernier recensement

30 000
7 600
1 000
Inf. à 300

Sources: INSEE RGP 1990-1991;
ITSEE/INSEE RGP 1989;
IISTAT RGP 1988

Réunion

Guyane

13.2.4. Les familles monoparentales dans les DOM

Les familles monoparentales sont davantage représentées dans les communes abritant les principaux centres urbains.

agglomérations urbaines ont une proportion de familles nombreuses moins élevée que les communes rurales. En Polynésie française par exemple, se distingue par des valeurs faibles le centre de la région urbaine de Papeete, à forte composante de population européenne et occidentalisée, hormis dans la commune de Faaa, îlot de pauvreté de peuplement polynésien.

Dans les DOM, le pourcentage de familles monoparentales, bien que variable, dépasse nettement celui de la métropole (carte 13.2.4). Sur 260 000 familles ayant des enfants de moins de 25 ans, environ une sur trois est monoparentale, contre une sur huit en métropole (25% des familles réunionnaises et 40% des familles martiniquaises). Il s'agit d'une forme de vie familiale durable, qui touche plus particulièrement la tranche d'âge comprise entre 30 et 39 ans (30% des

cas), suivie de près par la classe d'âge de 15 à 29 ans (24%) et la population féminine célibataire (64% des familles monoparentales ont une femme pour parent). Enfin, ces familles sont souvent en difficulté: une famille monoparentale métropolitaine sur dix touche le RMI contre une sur trois dans les DOM.

La jeunesse de la population, la pression démographique et l'acuité des problèmes de tous ordres qui en découlent, depuis la politique de régulation des naissances et d'enseignement jusqu'aux choix des formes d'aménagement de l'espace, sont quelques-uns des grands défis que les outre-mers ont à relever.

Marie S. Bock, André Calmont, Henry Godard,
Christian de Vassoigne
avec la collaboration de Jean-Christophe Gay

Retour à une tradition de terre d'accueil

du XVIᵉ siècle aux années 1950, les outre-mers ont été des terres de peuplement ; celui-ci s'est organisé autour du système de la plantation, des exploitations minières et des villes portuaires. Les années 1980 marquent un retournement des courants migratoires et l'instauration d'une relation bipolaire entre la métropole et les outre-mers, caractérisée par des flux croisés.

Jusqu'au XIXᵉ siècle, l'immigration d'une population de colons venus pour l'essentiel de France et l'apport d'une main-d'œuvre composée d'esclaves puis, à partir de 1848, d'engagés (travailleurs sous contrat), ont assuré la croissance démographique des outre-mers. En effet, sur une longue période, le solde démographique naturel était généralement négatif en raison d'une faible natalité parmi les populations asservies et d'une mortalité élevée, particulièrement forte chez les peuples indigènes non européens.

Aux Antilles à partir des années 1950, un peu plus tard à la Réunion, à Mayotte et à Wallis-et-Futuna, s'est développée une importante émigration à destination quasi exclusive de la métropole. Les soldes migratoires se sont inversés, devenant fortement négatifs ; la période intercensitaire 1975-1982 a enregistré les mouvements les plus nombreux, avec 107 000 départs vers la métropole. Au contraire, la Guyane, les îles Sous-le-Vent en Polynésie française et la Nouvelle-Calédonie ont conservé un solde migratoire positif, le nombre des arrivants enflant soudainement à l'occasion de la hausse des cours d'une matière première (« boom » du nickel) ou de la réalisation de grandes infrastructures (Centre d'expérimentation du Pacifique et Centre spatial guyanais). L'émigration de masse a donc concerné en premier lieu les Antilles, qui ont fourni environ les deux tiers des migrants, et la Réunion, plus tardivement et dans une moindre proportion. Ainsi, le nombre de personnes nées dans les DOM et les TOM installées en France a été multiplié par douze, passant de 24 200 à 282 300 entre 1954 et 1982. La communauté des originaires d'outre-mer vivant actuellement en France représente environ le cinquième du total de la population ultramarine. Cette présence consolide les liens étroits entre les anciennes dépendances et la métropole. Elle a joué un rôle décisif dans la diffusion outre-mer de modèles familiaux et sociaux calqués sur ceux de la métropole, participant ainsi à la modification des comportements démographiques des populations ultramarines.

Plusieurs facteurs ont contribué à alimenter ce courant d'émigration. Celui-ci a indiscutablement joué le rôle de soupape de sûreté. Les années 1950 à 1980 correspondent en effet à une période où l'accroissement naturel de la population domienne enregistrait les effets de la transition démographique en cours. Face au gonflement rapide des effectifs de population, les perspectives du marché local du travail étaient médiocres : l'agriculture entamait sa mécanisation et libérait une main-d'œuvre peu qualifiée que les autres secteurs d'activité ne pouvaient absorber. Simultanément, en métropole, l'offre de travail peu qualifié était forte et le recours à l'immigration étrangère se développait. L'apparente complémentarité des situations démographiques et de l'emploi justifia la mise en place, par les gouvernements de l'époque, d'un Bureau pour le développement des migrations d'outre-mer (BUMIDOM).

Au recensement de 1990, les soldes migratoires domiens sont positifs. La contribution de l'excédent migratoire représentait environ le tiers de la croissance démographique guyanaise (carte 13.2.5) entre 1982 et 1990 et une grande partie de celle de Saint-Martin ; mais ces statistiques ne prennent pas en compte un grand nombre de clandestins. Dans ces deux territoires, la majorité des immigrants d'origine étrangère provient des pays voisins (Surinam, Brésil), l'existence d'une frontière terrestre rendant difficile le contrôle des flux migratoires, et de Haïti. En Nouvelle-Calédonie, où se développe une immigration en provenance du Sud-Est asiatique, les originaires de Wallis-et-Futuna, avec près de 10 % de la population, constituent la troisième communauté du territoire, en position d'arbitrer l'affrontement politique entre Européens d'origine et Mélanésiens, représentant respectivement un tiers et environ 45 % de la population. À Mayotte, les Comoriens et les Malgaches assurent l'essentiel d'une immigration difficile à comptabiliser en raison de son insertion dans des réseaux familiaux. En revanche, l'immigration étrangère représente une part minoritaire des arrivées en Guadeloupe, en Martinique et à la Réunion. L'installation de personnes nées en métropole constitue l'essentiel de l'apport migratoire et équilibre désormais les arrivées des Domiens en métropole, dont le nombre a bien

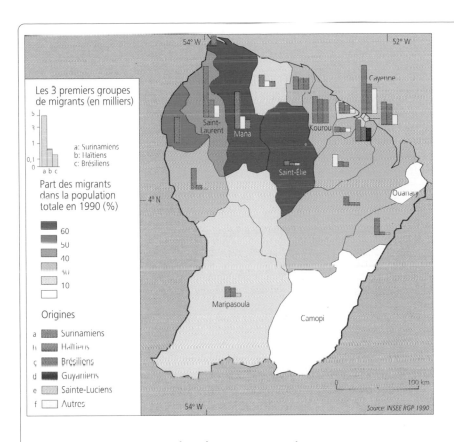

Les 3 premiers groupes de migrants (en milliers)

5
3
1
0.1
0
a b c

a: Surinamiens
b: Haïtiens
c: Brésiliens

Part des migrants dans la population totale en 1990 (%)

60
50
40
30
10

Origines

a Surinamiens
b Haïtiens
c Brésiliens
d Guyaniens
e Sainte-Luciens
f Autres

Source: INSEE RGP 1990

13.2.5. Les immigrants dans l'espace guyanais

En 1990, la moitié des 56 000 personnes « nées hors du département » vit dans l'« île » de Cayenne, 17% à Kourou et 13% à Saint-Laurent; le cinquième restant se répartit inégalement dans les communes rurales. Les migrants représentent près de la moitié de la population de l'agglomération cayennaise, qui regroupe presque toutes les communautés : la moitié des Européens et des Brésiliens, les trois quarts des Haïtiens, des Antillais français et des Guyaniens, 80% des Sainte-Luciens et plus de 90% des Syro-Libanais et des Chinois, que leurs activités amènent en centre-ville. Les autres communautés d'origine étrangère sont installées dans les quartiers populaires périphériques. Le cas de Kourou est particulier : ville champignon, créée par et pour le Centre spatial, elle compte plus de 70% de migrants, parmi lesquels les Européens l'emportent largement. À Saint-Laurent, la moitié des habitants de la ville sont nés hors de la Guyane; les Surinamiens représentent un tiers de la population. Dans la plupart des communes rurales, la part des migrants varie de 40 à 50% de la population; mais on relève des taux plus élevés (Mana, 69% et Saint-Élie, 67%) ou plus faibles (Maripasoula, 26% et Ouanary, 10%), voire nuls (Camopi).

Hormis les mouvements traditionnels des populations frontalières (Brésiliens et Surinamiens), on constate une relative mobilité des migrants dans l'espace guyanais (14,3% d'entre eux ont changé de commune de résidence entre 1982 et 1990) au profit des principaux centres urbains.

diminué. Le déficit migratoire des personnes nées dans les DOM a été de 41 000 individus entre 1982 et 1990; il s'élevait à 139 000 entre 1975 et 1982. Les flux de migrants entre la métropole et les outre-mers se croisent et deviennent plus complexes. Ainsi, un quart de la population adulte née dans les DOM a effectué un séjour en métropole, souvent dans le cadre du service national pour la population masculine. Si le service national et la poursuite des études nourrissent l'émigration des Domiens à destination de la métropole pour les classes d'âge inférieures à 25 ans, au-delà de 30 ans les retours tendent à compenser les départs. En définitive, la réversibilité croissante des flux migratoires et l'intensification de la circulation des personnes entre les outre-mers et la métropole, favorisées par la baisse des tarifs aériens et le développement des flux touristiques, est un des signes d'une intégration croissante de ces deux espaces.

L'évolution des comportements migratoires subit évidemment l'influence des mutations du marché du travail. Pour un originaire d'outre-mer, les possibilités d'obtenir un emploi peu qualifié en métropole se sont raréfiées. En revanche, dans les espaces ultramarins, le passage d'une économie agricole à une économie dominée par les services offre aux métropolitains des occasions plus nombreuses d'y trouver un emploi qualifié et à la main-d'œuvre d'origine étrangère des tâches de manœuvres dans le bâtiment, d'ouvriers ou d'employés dans les entreprises de services. Recherchant davantage à s'employer dans la fonction publique et auprès des collectivités locales et territoriales, les natifs d'outre-mer ne bénéficient pas pleinement des nombreuses créations d'emplois induites par la croissance soutenue que connaissent les économies ultramarines.

Didier Benjamin, André Calmont

*P*réoccupation majeure des outre-mers, le chômage est en relation avec les structures démographiques et la nature des activités. Les taux élevés du chômage et l'ampleur du sous-emploi révèlent les insuffisances de la politique actuelle de « rattrapage » des niveaux socioéconomiques métropolitains. En effet, les bases productives et les emplois ne se développent pas à un rythme suffisant pour absorber la croissance des effectifs de la population active, et le déclin de l'émigration vers la métropole accentue les tensions sur le marché du travail.*

Si les cartes qui ont été réalisées permettent de mettre en évidence l'acuité de la situation de l'emploi, certaines précautions doivent être prises pour interpréter les résultats. En raison de l'hétérogénéité des recensements et de l'absence de certaines données statistiques dans les fascicules traitant des TOM et des collectivités territoriales, le taux d'activité a été calculé non pas en faisant le rapport entre la population active et la population en âge de travailler mais à partir du rapport entre la population active et la population totale. Si les conclusions restent pertinentes, il faut signaler que dans les espaces qui rassemblent un grand nombre de jeunes de moins de 20 ans (cas de Mayotte où cette tranche d'âge représente près de 58% de la population), le taux d'activité est sous-estimé puisqu'il est calculé en tenant compte d'un fort pourcentage de jeunes qui ne sont pas en âge de travailler.

On doit également émettre des réserves à l'égard des données statistiques relatives au chômage. En effet, si dans les DOM et à Saint-Pierre-et-Miquelon les cartes reflètent assez fidèlement la réalité, il n'en va pas de même dans les TOM et à Mayotte. Dans des sociétés encore très traditionnelles, et en particulier dans les communes où la population autochtone est majoritaire, la notion de chômage est très difficile à appréhender et à quantifier. De nombreux actifs sans travail ne figurent pas sur les listes de l'ANPE, ce qui peut s'expliquer par l'absence d'indemnisation du chômage dans les TOM. En outre, il est extrêmement difficile de quantifier le sous-emploi, qui est en forte augmentation dans l'ensemble des outre-mers. S'il est possible de l'approcher dans les DOM, à partir de données indirectes et de traitements statistiques spécifiques, il ne semble pas que ce soit le cas dans les TOM et à Mayotte.

Dans les DOM, au cours de la dernière période intercensitaire, taux d'activité de la population, structures par âge, degré de centralité urbaine et dynamisme démographique sont liés ; à la Guadeloupe et à la Martinique il faut aussi tenir compte du poids du tourisme (carte 13.2.6). Un taux élevé d'activité caractérise les capitales régionales et les communes limitrophes. Ces dernières, qui constituent l'auréole de déconcentration résidentielle des capitales, ont les taux les plus forts. Le tourisme explique les taux d'activité élevés de certaines communes comme Saint-Martin et Saint-Barthélemy. En Guyane, Kourou présente le taux le plus fort, après les communes peu peuplées de Saint-Élie, Saül et Régina (« rural profond ») où la proportion de jeunes est faible. Dans ces communes, les notions de taux d'activité et de chômage ont toutefois une signification moins pertinente qu'en milieu urbain. À la Réunion, la capitale régionale Saint-Denis a un taux d'activité qui la distingue des autres communes de l'île (43%) ; le centre urbain Saint-Pierre (41%) vient ensuite. Cette relative faiblesse du taux d'activité de la population réunionnaise par rapport à celui des autres DOM insulaires est due à la part supérieure de la population de moins de 20 ans.

Les taux d'activité de la population dans les TOM et à Mayotte sont largement inférieurs à ceux de la métropole (45%) en raison de la forte proportion de la classe d'âge 0 à 20 ans ; ce phénomène est particulièrement marqué à Wallis-et-Futuna et à Mayotte, où les moyennes de l'ensemble du TOM et de la collectivité territoriale sont respectivement de 23% et 29%.

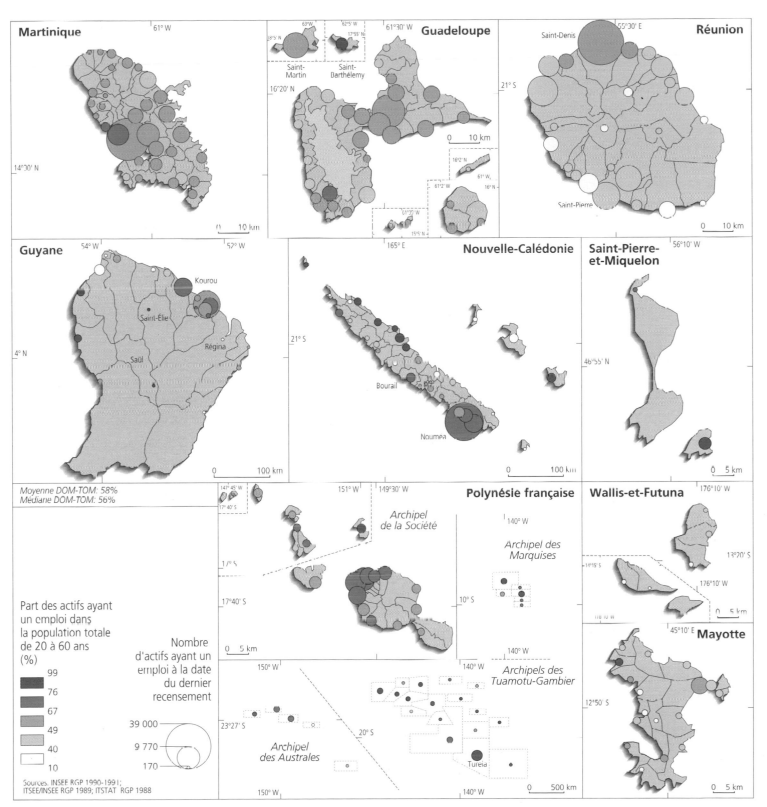

Martinique

Guadeloupe

Réunion

Saint-Denis

Saint-Pierre

Guyane

Kourou

Saint-Élie

Régina

Saül

Nouvelle-Calédonie

Bourail

Nouméa

Saint-Pierre-et-Miquelon

Saint-Martin

Saint-Barthélemy

Moyenne DOM-TOM: 58%
Médiane DOM-TOM: 56%

Part des actifs ayant
un emploi dans
la population totale
de 20 à 60 ans
(%)

99
76
67
49
40
10

Sources: INSEE RGP 1990-1991;
ITSEE/INSEE RGP 1989; ITSTAT RGP 1988

Nombre
d'actifs ayant un
emploi à la date
du dernier
recensement

39 000
9 770
170

Polynésie française

*Archipel
de la Société*

*Archipel des
Marquises*

*Archipels des
Tuamotu-Gambier*

*Archipel
des Australes*

Tureia

Wallis-et-Futuna

Mayotte

13.2.6. L'activité de la population

Un fort pourcentage d'actifs caractérise la population des communes abritant les centres urbains principaux et celle des communes dont les activités principales sont tournées vers l'extérieur (tourisme, mines, bases spatiale et militaire).

	Taux d'activité de la population (%)	Taux de chômage (%)	Taux de chômage des 15-24 ans (%)	Taux de chômage féminin (%)
Guadeloupe	45	31	58	37
Guyane	42	24	44	29
Martinique	46	32	61	36
Réunion	39	37	60	42
Mayotte	29	38	60	57
Nouvelle-Calédonie	40	16	—	17
Polynésie française	38	11	—	12
Saint-Pierre-et-Miquelon	47	10	18	12
Wallis-et-Futuna	23	38	—	30
Métropole	*45*	*11*	*21*	*15*

Taux d'activité et chômage

Cet indicateur est cependant perfectible, car il ne rend pas vraiment compte de l'occupation réelle de la population. Ainsi, en Nouvelle-Calédonie, les taux d'activité sont les plus élevés dans les communes du nord-est de la Grande-Terre, qui rassemblent une population en majorité mélanésienne pratiquant l'agriculture vivrière. Comme dans les autres outre-mers, les communes urbaines se caractérisent par un taux d'activité élevé : Nouméa et le centre urbain secondaire de Bourail se distinguent des autres communes. En Polynésie française, la commune de Tureia se singularise par un taux d'activité très élevé (93%) qui s'explique par l'implantation du Centre expérimental du Pacifique dans l'île « interdite » de Mururoa.

Les pôles urbains les plus dynamiques n'échappent pas au chômage ; bien que les taux y soient inférieurs à ceux des communes répulsives ou en stagnation, ils restent cependant bien supérieurs à la moyenne métropolitaine, qui était en 1990 de 11% (cf. tableau). Hormis Saint-Barthélemy (5%), le taux de chômage des communes des trois DOM insulaires est supérieur à celui de la métropole et dépasse 19%. À quelques exceptions près, la carte 13.2.7 offre une image inverse de celle du taux d'activité. Les différences proviennent de la structure par âge ou de certaines particularités socioéconomiques communales. Le chômage affecte davantage les communes rurales, les périphéries agricoles ayant subi de plein fouet tant la crise cannière de l'après-guerre que les transformations du mode de vie engendrées par la destruction de l'économie agricole traditionnelle. L'irruption de nouvelles valeurs sociales dans le cadre de la départementalisation, l'exode rural, qui a alimenté la croissance des capitales régionales, et la tertiarisation des économies domiennes, qui n'a pas apporté une solution au sous-emploi, ont exacerbé la crise de l'emploi. Le bilan est inquiétant puisque, seul, le tourisme de luxe à Saint-Barthélemy, dans un contexte très particulier et difficilement reproductible, a pu apporter une réponse positive à ce problème de fond. La situation guyanaise est différente. Dans les communes de l'Intérieur, aux populations peu nombreuses vivant dans des sociétés traditionnelles, les taux de chômage sont faibles et le terme même n'a pas grand sens. Les taux de chômage sont élevés dans certaines communes qui ont des difficultés à s'intégrer au modèle de la société « moderne » (Awala-Yalimapo) et dans celles qui accueillent de nombreux immigrants (Saint-Laurent, Régina et Sinnamary) mais dont le dynamisme économique est faible. Enfin, Kourou et les communes limitrophes de Cayenne présentent une situation intermédiaire : le taux de chômage y est inférieur à celui des autres communes (14% à Kourou).

(suite p. 54)

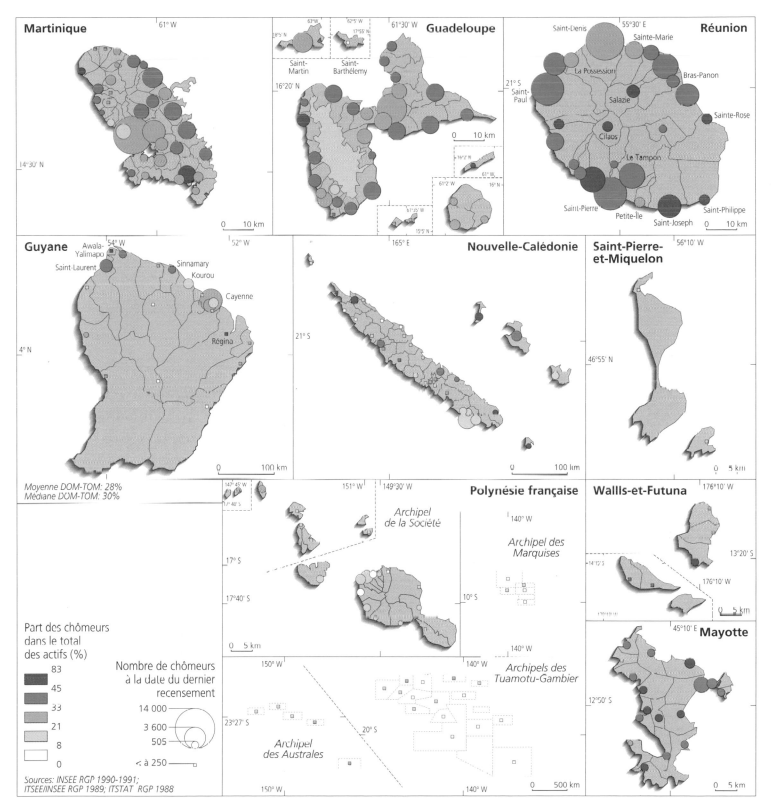

Martinique

Guadeloupe

Réunion
Saint-Denis · Sainte-Marie · La Possession · Bras-Panon · Salazie · Sainte-Rose · Saint-Paul · Cilaos · Le Tampon · Saint-Pierre · Petite-Île · Saint-Joseph · Saint-Philippe

Guyane
Awala-Yalimapo · Saint-Laurent · Sinnamary · Kourou · Cayenne · Régina

Nouvelle-Calédonie

Saint-Pierre-et-Miquelon

Moyenne DOM-TOM: 28%
Médiane DOM-TOM: 30%

Polynésie française
Archipel de la Société · Archipel des Marquises · Archipels des Tuamotu-Gambier · Archipel des Australes

Wallis-et-Futuna

Mayotte

Part des chômeurs dans le total des actifs (%)
83
45
33
21
8
0

Nombre de chômeurs à la date du dernier recensement
14 000
3 600
505
< à 250

Sources: INSEE RGP 1990-1991;
ITSEE/INSEE RGP 1989; ITSTAT RGP 1988

13.2.7. Le chômage

Une moindre proportion d'actifs est au chômage dans les communes abritant les centres urbains principaux. La situation plus favorable de certains TOM s'explique largement par une sous-déclaration fréquente des situations de chômage.

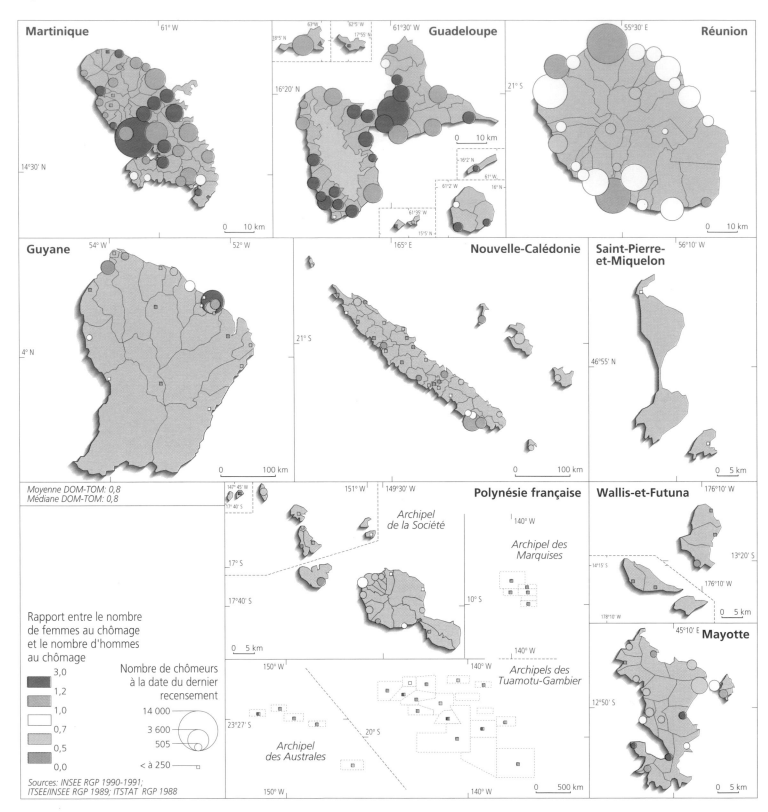

13.2.8. Le chômage des femmes

Le chômage affecte davantage les femmes que les hommes. Le phénomène est particulièrement marqué dans les DOM antillais et dans les communes à dominante urbaine.

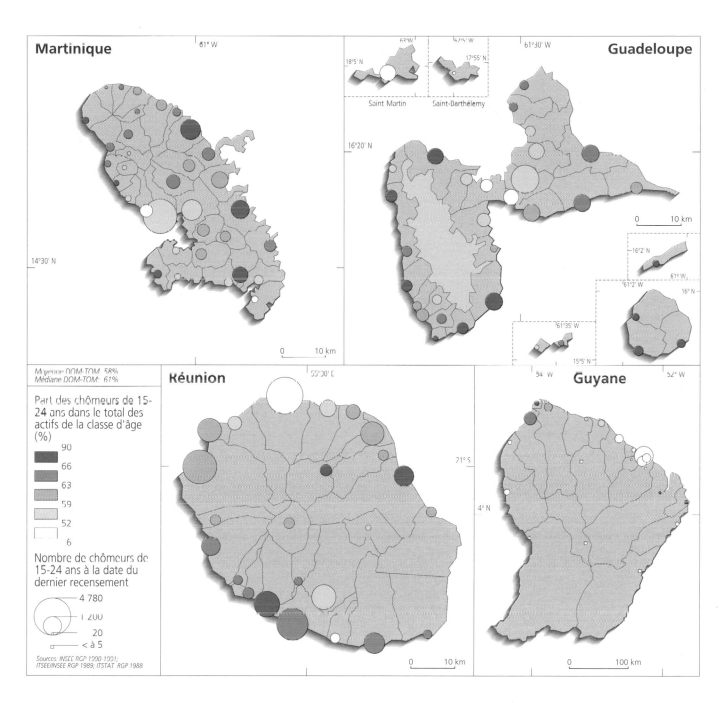

13.2.9. Le chômage des 15-24 ans dans les DOM

Les valeurs du chômage des jeunes sont très élevées dans l'ensemble des communes domiennes. Toutefois, la situation est moins défavorable dans les communes qui composent les agglomérations des capitales régionales.

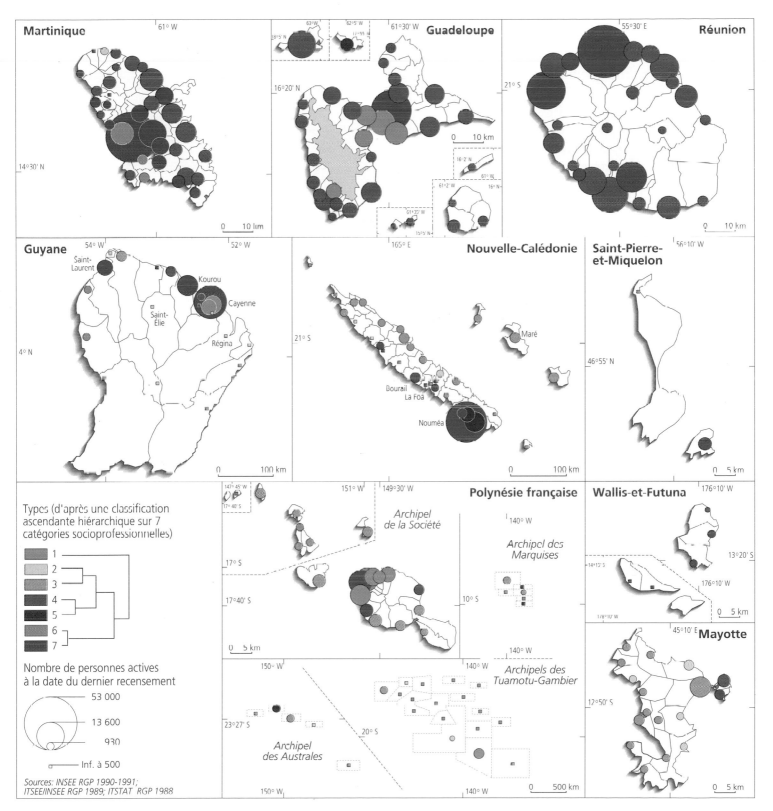

Martinique

Guadeloupe

Réunion

Guyane

Nouvelle-Calédonie

Saint-Pierre-
et-Miquelon

Polynésie française

Wallis-et-Futuna

Mayotte

Types (d'après une classification
ascendante hiérarchique sur 7
catégories socioprofessionnelles)

1
2
3
4
5
6
7

Nombre de personnes actives
à la date du dernier recensement

53 000
13 600
930

Inf. à 500

Sources: INSEE RGP 1990-1991;
ITSEE/INSEE RGP 1989; ITSTAT RGP 1988

13.2.12. Les spécificités socioprofessionnelles

La répartition sectorielle de la population active permet de distinguer les DOM insulaires dans l'ensemble des outre-mers.

un développement récent et rapide, ceux-ci demeurent sous-représentés outre-mer.

Les fortes distorsions du marché du travail ultramarin doivent être mises en relation avec le faible niveau de qualification moyen des actifs. En 1993, alors que la moyenne métropolitaine se situait à 12%, la part des cadres supérieurs et des professions libérales dans les actifs occupés outre-mer était inférieure à 8%. La proportion de personnes de plus de 15 ans ne possédant aucun diplôme en 1990 se situait entre 47% en Martinique et 60% à la Réunion, contre 26% en métropole. Des niveaux plus élevés étaient relevés à Mayotte et dans les TOM. Le faible niveau de formation initiale des populations des outre-mers compromet l'efficacité des dispositifs de formation continue (stages, contrats de retour à l'emploi) mis en place, principalement dans les DOM, afin de résorber le chômage et le sous-emploi.

Souvent envisagés d'un point de vue global, les déséquilibres structurels de l'emploi s'expriment, en réalité, par des caractères différents dans les espaces ultramarins. Établie à partir des données concernant les populations actives résidantes, la carte de la répartition communale de la population ultramarine décrite selon les catégories socioprofessionnelles permet de repérer les disparités inter- et intraterritoriales en matière d'emploi (carte 13.2.12). Une analyse comparative des résultats obtenus permet de distinguer deux profils-types parmi les outre-mers.

• Le premier profil-type concerne la Guadeloupe, la Martinique et la Réunion (types 4 et 7). Il indique une tertiarisation forte de l'emploi profitant essentiellement à des catégories à faible qualification : employés et ouvriers des services publics, employés du commerce, petits commerçants et artisans auxquelles on peut associer les ouvriers du bâtiment. Le personnel d'encadrement (type 6) se concentre autour des principales agglomérations et dans les communes résidentielles voisines, mais cette constatation est valable pour tous les outre-mers.

• Le deuxième profil-type présente des contrastes intraterritoriaux fortement accentués. Ils composent un ensemble assez disparate où le processus de tertiarisation des emplois se diffuse inégalement et où s'observent des phénomènes de désarticulation entre les circuits de l'économie traditionnelle et ceux de l'économie moderne. Ainsi, l'économie des tribus canaques du nord-est de la Nouvelle-Calédonie et de l'île de Maré est dominée par les activités agraires traditionnelles (type 1) tandis que, dans les communes voisines, l'extraction du nickel a créé des concentrations ouvrières (types 2 et 5) et qu'à Bourail, La Foa et Nouméa sont regroupés les personnels d'encadrement des usines métallurgiques et de la fonction publique (type 7). En Polynésie française, les îles de l'archipel des Tuamotu présentent entre elles de forts contrastes : les fermes perlières du nord-ouest de l'archipel et la base du CEP à Hao (type 2) constituent des foyers d'activités modernes dans un environnement insulaire resté traditionnel. La Guyane offre l'exemple d'une juxtaposition d'unités sociospatiales aux activités fortement spécialisées : petits planteurs des secteurs de colonisation agricole du moyen Maroni (type 1), mineurs et forestiers de Régina ou Saint-Élie (type 2), techniciens du CSG de Kourou, cadres administratifs de Saint-Laurent-du-Maroni ou de l'agglomération cayennaise (types 6 et 7). Malgré une superficie réduite, Mayotte présente également une organisation sociospatiale commandée par des ruptures et des dichotomies.

Particuliers sont les cas de Saint-Pierre-et-Miquelon, et de Wallis-et-Futuna, où le secteur tertiaire rassemble environ 80 % de la population active (type 7). À Saint-Pierre, la plupart des salariés appartient aux services de l'État, éducation et santé principalement. À Wallis-et-Futuna, l'État distribue les quatre cinquièmes de la masse salariale totale mais l'essentiel de la population, aux trois quarts non salariée, vit d'activités traditionnelles, précaires et difficiles à recenser (agriculture de subsistance et activités artisanales).

Didier Benjamin
avec la collaboration de Olivier Frouté,
Jean-Christophe Gay, Henry Godard

Atlas de France

3
Dépendances
et solidarités

es outre-mers ont bénéficié depuis une trentaine d'années d'une croissance économique supérieure à la moyenne nationale. Cependant, l'essor de la consommation et de l'investissement résulte pour une large part d'un afflux croissant et massif des transferts publics opérés à partir de la métropole. Ces transferts contribuent à alimenter un courant d'importations qui s'inscrit dans la tradition des sociétés et économies de comptoirs.

L'évolution des transferts publics depuis la métropole fournit une mesure de la dépendance financière des outre-mers, en progression sensible. À partir de 1989, la courbe des transferts vers les DOM en provenance de la métropole se redresse vigoureusement sous l'effet de la mise en place du Revenu minimal d'insertion (RMI) (graphique 13.3.1). Cette mesure a été suivie, depuis 1991, d'un relèvement des prestations familiales en vue de l'égalité sociale entre la métropole et les DOM. Dans les TOM, le régime des prestations est fixé par les autorités locales en concertation avec l'État, qui finance une grande part des dépenses sociales et des investissements publics. Dans l'ensemble des outre-mers, le relèvement des prestations sociales et le maintien de l'indexation des traitements de la fonction publique ont contribué largement aux progrès de la consommation, dont les niveaux se rapprochent des standards métropolitains.

Considérés dans leur ensemble, les transferts des administrations nationales, auxquels il faudrait ajouter les versements effectués par les fonds structurels européens, représentent l'équivalent d'environ les deux tiers des PIB des DOM. Les valeurs prennent en compte le montant des déficits commerciaux puisque ceux-ci bénéficient de la couverture monétaire de la France et donnent ainsi lieu à des transferts publics. Ceux-ci assurent l'essentiel du revenu disponible de la population à Saint-Pierre-et-Miquelon (graphique 13.3.2) où ils compensent la disparition des activités de pêche. Malgré d'importants concours financiers de l'État, les économies des TOM reposent davantage sur les revenus de la production locale. À Wallis-et-Futuna et à Mayotte, de nombreuses familles vivent grâce aux fonds transférés par des parents résidant hors du territoire. Ainsi, dans l'ensemble des outre-mers s'est mise en place une économie de transferts à forte composante de services à la population et alimentée par un flux croissant

---

L'octroi de mer en sursis

Instituée dès 1670 en Martinique, cette taxe est imposée par les collectivités locales sur tous les produits à l'entrée dans chacun des DOM. Les taux appliqués et les régimes d'exonération varient considérablement selon les départements et les produits. Les effets inflationnistes de ce dispositif contribuent au différentiel de prix constaté entre les DOM et la métropole ainsi qu'au niveau élevé des coûts de production locaux. Cependant, deux arguments principaux justifient son maintien :

• l'Octroi de mer représente une part essentielle des recettes de fonctionnement des communes et, en Guyane, du département. Sa suppression menacerait des emplois et l'équilibre des budgets municipaux alors que de nombreuses communes, particulièrement en Guadeloupe et Guyane, sont déjà en situation déficitaire. Un alourdissement de la fiscalité locale directe deviendrait alors inévitable ;

• frappant lourdement les importations, l'Octroi de mer organise un cadre protectionniste susceptible de favoriser le développement de productions locales. Son efficacité réelle est difficile à évaluer mais le rapport J. Thill établissait en 1989 que trois entreprises domiennes sur cinq ne pourraient survivre à sa disparition.

En contradiction avec les principes de libre circulation et de concurrence qui régissent l'Union européenne, l'Octroi de mer constitue une taxe illégale pour la Cour de justice des communautés européennes. En août 1994, elle a condamné le régime dérogatoire négocié entre le gouvernement français et la Commission et approuvé par le Conseil européen du 22 décembre 1989. Désormais, l'Octroi s'applique indistinctement à tous les produits, qu'ils soient locaux ou importés. Il devient ainsi un impôt à la consommation et non plus une protection tarifaire. Néanmoins, les Conseils régionaux des DOM peuvent demander à la Commission européenne des exonérations au profit de productions locales. Ce régime dérogatoire doit s'appliquer jusqu'en 2002 mais est susceptible d'être remis en cause et ne résout rien sur le fond : sans un dispositif protectionniste, beaucoup d'entreprises des DOM ne sont pas en situation d'affronter la concurrence internationale.

Dépendances et solidarités

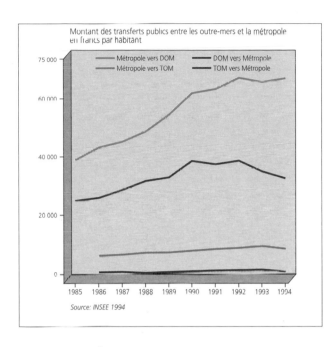

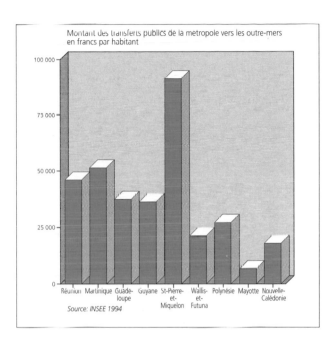

13.3.1. Évolution des transferts publics entre les outre-mers et la métropole

L'écart entre les TOM et les DOM, pour les sommes perçues, provient des effectifs différents de population et des régimes sociaux spécifiques. Les transferts vers la métropole consistent surtout en impôts et cotisations sociales provenant des DOM.

13.3.2. Répartition des transferts publics de la métropole vers les outre-mers

Dans les transferts nets, l'écart se réduit entre DOM et TOM. Saint-Pierre-et-Miquelon bénéficie d'un régime particulier d'aides publiques destiné à pallier les effets de la crise de la pêche.

d'importations. À la Réunion, par exemple, le montant du déficit commercial équivaut à la moitié de la consommation totale des ménages. La situation de dépendance commerciale des outre-mers ne cesse de s'aggraver puisque la mise aux normes métropolitaines des niveaux de consommation passe par l'importation de biens et de services que les économies ultramarines ne produisent pas.

L'analyse du commerce extérieur des outre-mers (graphiques 13.3.3 et 13.3.4) montre à la fois le déséquilibre entre les importations et les exportations et l'orientation privilégiée des échanges vers la métropole. En moyenne, pour la période 1989-1993, le déficit commercial de l'ensemble des outre-mers s'élève à près de 35 milliards de francs dont environ les trois quarts au solde des DOM. Les taux de couverture les plus faibles, ceux de la Réunion (7%) et des deux collectivités territoriales, connaissent une tendance à la

baisse. À la Réunion, depuis 1954, dernière année où le taux de couverture était équilibré, les importations ont été multipliées par 100 alors que les exportations ne l'ont été que par 10. Le taux de couverture le plus élevé est enregistré par la Nouvelle-Calédonie, à hauteur de 55%, mais en 1988 ce TOM parvenait à équilibrer ses échanges extérieurs. En Polynésie française, le déséquilibre du commerce extérieur reste fort malgré la stagnation des importations et le développement des exportations de perles à destination principalement du Japon. Le cas de la Guyane est particulier : les entrées de devises assurées par l'activité de lancement des satellites n'apparaissent pas car elles sont comptabilisées au niveau national.

Le commerce extérieur des DOM et de Mayotte s'effectue surtout avec la métropole (plus de 60% des importations) tandis que les TOM commercent de plus en plus avec les pays riverains du Pacifique et que le

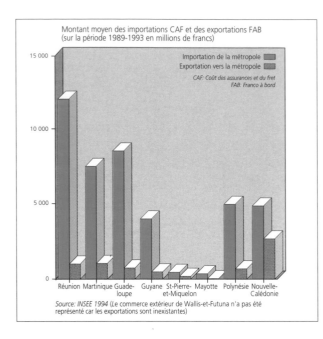

Montant moyen des importations CAF et des exportations FAB
(sur la période 1989-1993 en millions de francs)

Importation de la métropole
Exportation vers la métropole

CAF: Coût des assurances et du fret
FAB: Franco à bord

Source: INSEE 1994 (Le commerce extérieur de Wallis-et-Futuna n'a pas été
représenté car les exportations sont inexistantes)

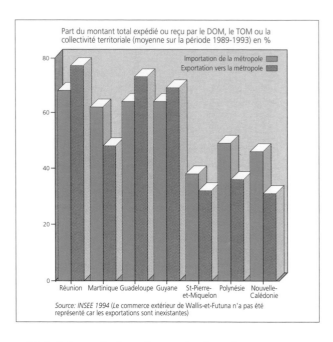

Part du montant total expédié ou reçu par le DOM, le TOM ou la
collectivité territoriale (moyenne sur la période 1989-1993) en %

Importation de la métropole
Exportation vers la métropole

Source: INSEE 1994 (Le commerce extérieur de Wallis-et-Futuna n'a pas été
représenté car les exportations sont inexistantes)

13.3.3. Le commerce extérieur des outre-mers

L'ampleur des déficits commerciaux traduit les difficultés des économies ultramarines à diversifier leur production. À l'exportation, les recettes proviennent des ventes de produits primaires peu transformés ou vendus à l'état brut : nickel de Nouvelle-Calédonie, perles de Polynésie, sucre de la Réunion et bananes des Antilles.

13.3.4. Part de la métropole dans le commerce extérieur des DOM-TOM

La métropole est, à l'exception de Saint-Pierre-et-Miquelon, le premier fournisseur des outremers. Elle absorbe la part majeure des exportations domiennes. Le Japon est devenu le premier client de la Nouvelle-Calédonie et de la Polynésie française.

Canada fournit la moitié des importations de Saint-Pierre-et-Miquelon. Les pays membres de l'OCDE, y compris la France, assurent en définitive plus de 80% des importations des outre-mers et, à l'exception des échanges entre le Japon et les TOM, enregistrent de forts excédents commerciaux.

Face à l'aggravation des déficits commerciaux et aux difficultés rencontrées par les outre-mers pour diversifier leurs exportations, le développement du tourisme apparaît souvent comme la panacée.

Didier Benjamin

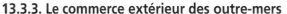

Les comptes extérieurs

Les données concernant les comptes extérieurs des outre-mers posent un problème de connaissance statistique. En effet, on ne dispose pas de balances des paiements ultramarines distinctes de celle de la nation. En matière de commerce international, les outre-mers sont considérés comme des territoires extérieurs à la France ; aux postes frontières ultramarins, les douanes enregistrent comme importations (CAF) les entrées de biens provenant de la métropole et comme exportations (FAB) les sorties à destination de celle-ci. En revanche, les échanges de services et les mouvements de capitaux entre métropole et outre-mers sont intégrés dans les comptes généraux de la balance des paiements française, ce qui rend difficile l'estimation des flux de capitaux d'origine privée. L'absence de données sur les flux « invisibles » fausse le jugement porté sur la dépendance extérieure des outre-mers puisque les revenus que leur procurent le tourisme et les arrivées de capitaux dans le cadre des mesures de défiscalisation compensent partiellement leurs déficits commerciaux. À partir de 1997, les données relatives aux DOM seront intégrées dans les comptes nationaux tandis que les TOM appartiendront au « reste du monde ».

Références : INSEE, 1993, *20 ans de comptes des départements d'outre-mer, 1970-1989*, Paris, INSEE, 366 p.— MOMAL P., 1986, «La Réunion, une économie sur des échasses», *Économie et statistique*, n° 188.— COLLECTIF, 1989, *Les Économies insulaires, stratégies de développement des économies insulaires à pouvoir d'achat élevé*, Actes du colloque, Saint-Denis de la Réunion, ARTER - Région Réunion, 236 p.

L'activité touristique

La contribution du tourisme au développement des outre-mers est bien ancrée en Polynésie française et dans les départements antillais. En Nouvelle-Calédonie et à la Réunion, les orientations de l'activité touristique demeurent incertaines. En Guyane, les séjours d'affaires dominent l'activité touristique tandis que celle-ci est embryonnaire dans les autres espaces ultramarins.

Les activités touristiques n'ont parfois répondu qu'imparfaitement aux attentes des investisseurs, des décideurs et de la population (carte 13.3.5). Dans la première moitié des années 1990, le tourisme représentait environ 10% du PIB en Guadeloupe, 7% en Martinique, 5% en Polynésie française (plus de 17% du PIB à Fidji), 4% en Nouvelle-Calédonie, 3% à la Réunion (10% à Maurice) et 2% en Guyane. Quant à la population active employée dans le secteur touristique (compte non tenu des emplois induits), sa part s'élève à 8% en Polynésie française, entre 4% et 5% en Guadeloupe, Martinique et Nouvelle-Calédonie, et aux alentours de 3% en Guyane.

Si les activités touristiques sont essentielles pour certains outre-mers, leur poids régional reste faible. Alors que les Bahamas accueillent 20% des touristes et des croisiéristes du bassin caraïbe, la Martinique en reçoit 4% et la Guadeloupe 2%. Dans le Pacifique Sud, Hawaï accueille plus de 80% des touristes (soit environ 7 millions); la Polynésie française en reçoit à peine 3% et la Nouvelle-Calédonie moins de 1%.

Défiscalisation, investissement et développement économique

La loi Pons de 1986 a institué une défiscalisation des investissements réalisés dans les outre-mers. Reconduite en 1992, cette loi permet aux particuliers de bénéficier d'une réduction de l'impôt sur le revenu pour une durée de cinq ans et aux entreprises, dans douze secteurs d'activité, de profiter d'une déduction du résultat imposable pour une durée de dix ans. Si cette loi a donné un coup de fouet aux activités du BTP et aux investissements industriels, elle a entraîné des phénomènes de surinvestissement, notamment dans le secteur touristique. De nouvelles structures hôtelières entrent en concurrence avec les établissements déjà existants et induisent une diminution du taux d'occupation des chambres.

Le rapport qualité-prix des prestations offertes dans les outre-mers est souvent jugé médiocre par rapport à celui de pays concurrents qui bénéficient d'une main-d'œuvre à bon marché. Le manque de professionnalisme, la faiblesse des infrastructures d'accompagnement sont des facteurs souvent cités pour expliquer la relative désaffection des touristes étrangers. À l'exception des TOM du Pacifique, où la clientèle est majoritairement japonaise et régionale, dans les autres outre-mers les métropolitains représentent entre 70% et 80% des flux touristiques; la baisse de la fréquentation nord-américaine dans les DOM insulaires caraïbes est inquiétante puisque dans les autres États antillais leur nombre est en augmentation. En 1987, les Étatsuniens et les Canadiens représentaient 38% de la clientèle guadeloupéenne; en 1991, ils n'étaient plus que 8%.

Une étude menée aux Seychelles, à Maurice et à la Réunion montre que le coût d'investissement d'une chambre dans un hôtel quatre étoiles est plus faible à la Réunion grâce aux conditions financières avantageuses et à la défiscalisation (loi Pons), mais le coût d'exploitation y est lourd en raison des salaires et des charges élevés. Le résultat net avant impôt est largement positif à Maurice (+ 13%), négatif aux Seychelles (– 1%) et très négatif à la Réunion (– 13%). En outre, une chambre créée suscite moins d'emplois dans les outre-mers que dans les États voisins (une nouvelle chambre dans les DOM antillais crée moins de 0,5 emploi, taux le plus faible de l'aire caraïbe). Enfin, à l'exception de la Polynésie française et de Saint-Barthélemy, le tourisme outre-mer concerne essentiellement une clientèle de moyenne gamme.

Trois types de destinations sont privilégiés dans les outre-mers. Le premier correspond à des destinations

(suite p. 70)

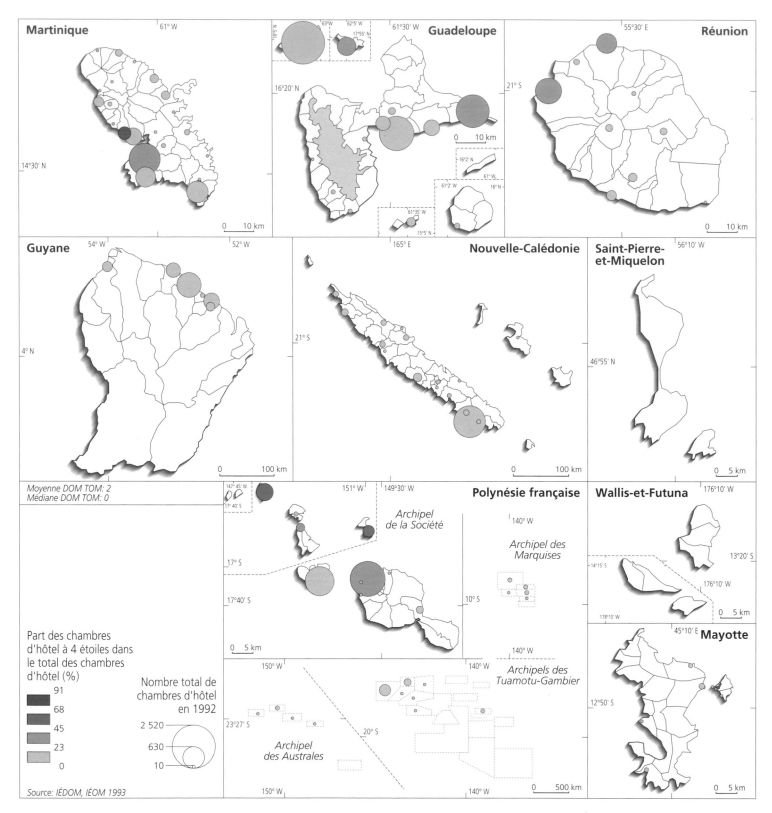

13.3.5. Le parc hôtelier dans les outre-mers au début des années 1990

Les hôtels sont concentrés dans quelques foyers (secteurs balnéaires et centres urbains principaux). Les hôtels de luxe, peu nombreux, se regroupent dans des lieux « mythiques » ou « classiques ».

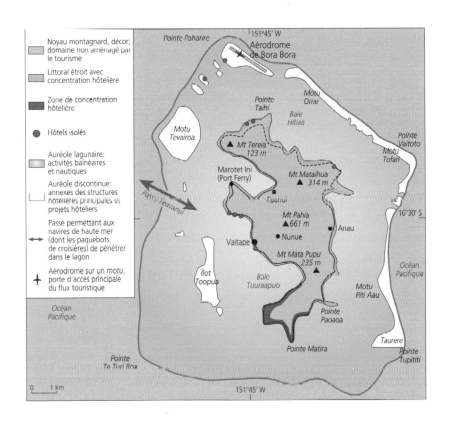

13.3.6. Au cœur du mythe touristique tropical : Bora Bora

Le presque atoll, constitué d'un chicot volcanique résiduel entouré d'un lagon et d'une couronne récifale, est particulièrement favorable au tourisme. Il offre des paysages variés, un plan d'eau calme et des îlots coralliens (motu) aux plages de sable blanc bordées de cocotiers.

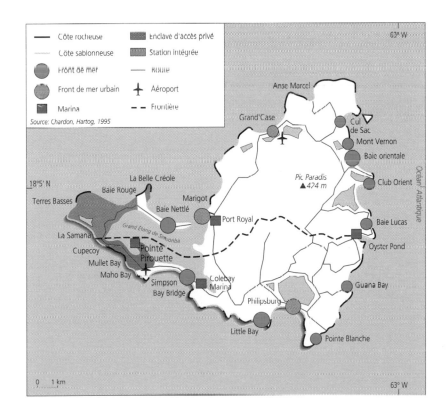

13.3.7. Les types d'espaces touristiques de Saint-Martin

L'intensité de l'occupation oppose les côtes néerlandaise au sud et française au nord. L'urbanisation est complète sur le littoral occidental.

qui sont source de revenus élevés. Leur image est bien affirmée et on peut les qualifier de « mythiques » — Polynésie française en général et Bora Bora en particulier (carte 13.3.6) — et de « classiques » — Martinique et Guadeloupe. La comparaison des deux dépendances septentrionales de la Guadeloupe met en évidence deux politiques de développement conduisant à une même monoactivité touristique. À Saint-Martin (cartes 13.3.7 et 13.3.8), l'intensité de la croissance (800 chambres en 1986, 3 500 en 1992) a entraîné une quasi-saturation du littoral, un afflux de main-d'œuvre immigrée qui est aujourd'hui souvent au chômage ou sous-employée (tensions sociales, pression sur l'environnement…). En outre, cette croissance a renforcé le rôle de l'île comme l'une des plaques tournantes du narcotrafic dans la Caraïbe, l'île bénéficiant depuis 1852 d'une franchise douanière qui l'exclut des territoires douaniers français et européens. Tout se conjugue pour ouvrir l'île à un tourisme de masse alors que son image originelle était celle d'un paradis orienté vers le tourisme de luxe. À Saint-Barthélemy (carte 13.3.9), la municipalité freine volontairement la croissance du secteur touristique et impose des conditions draconiennes pour qu'un nouvel hôtel soit construit. La qualité du tourisme primant sur la quantité, l'île a su préserver son image de marque et continue d'accueillir des touristes fortunés.

Le deuxième type de destination rassemble les outre-mers où la part du tourisme dans le PIB est faible et dont l'image demeure floue (Guyane, Réunion et Nouvelle-Calédonie). La Guyane est essentiellement orientée vers les voyages d'affaires (80% des flux) et accessoirement vers l'« aventure ». La Nouvelle-Calédonie hésite entre tourisme balnéaire et alternatif, et pâtit de la proximité de la Polynésie française. La Réunion est en revanche une destination émergente. En effet, jusque dans les années 1980, le parc hôtelier était insuffisant, le coût du transport aérien restait prohibitif et l'île jouait la carte du tourisme balnéaire au détriment des Hauts qui étaient délaissés. Cette destination

était choisie pour ses plages par de nombreux touristes, qui assimilaient la Réunion aux DOM antillais. L'échec de l'implantation du Club Méditerranée est significatif du décalage entre les potentialités réelles de l'île et la demande touristique. Face à la concurrence des îles voisines, la déception était grande. À partir des années 1980, une politique plus cohérente visant à privilégier l'intérieur de l'île a été mise en place (carte 13.3.10). L'augmentation des flux touristiques (217 400 en 1992, 304 000 en 1995) ne doit cependant pas masquer un phénomène qui affecte la rentabilité de ce secteur d'activité : la faiblesse des recettes produites par les tourismes affinitaire (visite à la famille ou à des amis) et de randonnée qui représentent la majorité des visiteurs.

Le troisième type de destination correspond à des terres qui sont restées à la marge du développement touristique : Mayotte, destination fréquentée majoritairement par des Réunionnais ; Saint-Pierre-et-Miquelon, caractérisé par un tourisme de proximité (90% de Québécois) ; Wallis-et-Futuna, singularisé par les voyages d'affaires (90% des flux) et par le faible développement du secteur touristique (24 chambres en 1992 dont le taux de remplissage était voisin de 15%).

Didier Benjamin, Jean-Christophe Gay,
Henry Godard, Thierry Hartog, Bernard Rémy,
Christian de Vassoigne
avec la collaboration de André Calmont,
Daniel Lefèvre

Références : BACHIMON P., 1994, « De l'Éden au paradis touristique », *Géo-Pacifique des espaces français.* Textes réunis lors de la préparation des Journées géographiques qui se sont tenues en Polynésie française, en Nouvelle-Calédonie et à Wallis-et-Futuna en mai 1994, p. 163-176.— CHARDON J.-P., HARTOG T., 1995, « Saint-Martin ou l'implacable logique touristique », *Les Cahiers d'Outre-Mer,* 48 (189), p. 22-33.— CHARDON J.-P., HARTOG T., 1995, « Saint-Barthélemy : un choix et ses limites », *Les Cahiers d'Outre-Mer,* 48 (191), p. 261-276. — INSTITUT D'ÉMISSION DES DÉPARTEMENTS D'OUTRE-MER/INSTITUT D'ÉMISSION D'OUTRE-MER, 1993, *Le Tourisme dans les DOM-TOM,* Paris, IÉDOM/IÉOM, 550 p.

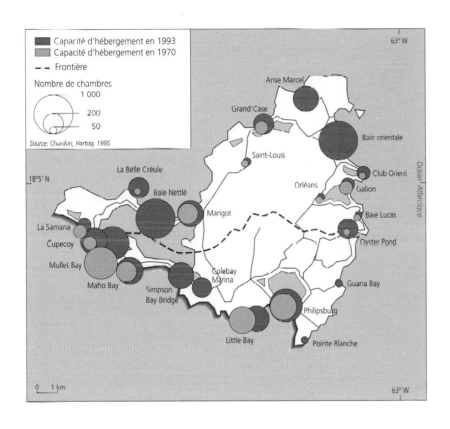

13.3.8. Les capacités d'hébergement de Saint-Martin

Le développement de l'hôtellerie a entraîné la quasi-saturation des sites les plus favorables aux activités balnéaires et la détérioration de l'environnement naturel.

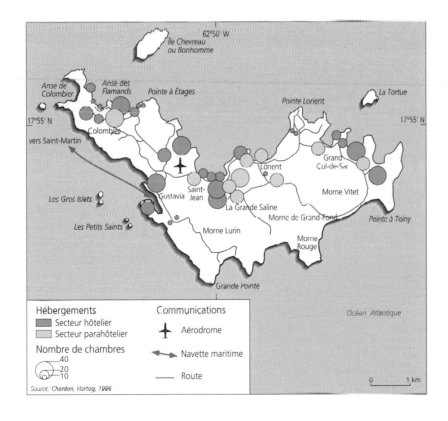

13.3.9. Les capacités d'hébergement de Saint-Barthélemy

La répartition des structures hôtelières et parahôtelières à Saint-Barthélemy présente une forte dissymétrie entre les côtes septentrionale et méridionale.

Atlas de France

4
Disparités régionales
et polarisations

plusieurs indicateurs démographiques et économiques mettent en évidence les disparités sociospatiales qui existent parmi les communes des outre-mers. Des ensembles géographiques plus larges se différencient en fonction des degrés de la centralité spatiale et des caractères de l'urbanisation. De nouvelles formes de délinquance semblent traduire un effacement du cadre des sociétés rurales traditionnelles.

Les réseaux urbains des départements et territoires d'outre-mer ont en commun une macrocéphalie très accusée. Une agglomération ou une ville principale écrase démographiquement et fonctionnellement un territoire, dépourvu par ailleurs d'une armature urbaine complète.

À ce trait, généralement partagé par les territoires ou les États dont la base productive locale est peu développée et le commerce extérieur déséquilibré, trois espaces ultramarins échappent quelque peu. Mayotte reste très rural. En Guadeloupe, deux centres secondaires exercent une forte polarisation sur leur

espace proche : Basse-Terre, agglomération de 36 750 habitants et capitale politique du département, étend sa zone d'attraction sur le sud de la Basse-Terre ; Marigot est le principal pôle de Saint-Martin qui fonctionne de manière relativement « autonome » par rapport à l'île principale. La Réunion se singularise par un réseau urbain plus équilibré. Le rapport entre l'agglomération de Saint-Denis et la commune de Saint-Paul n'est que de 1 à 2. Le doublet Saint-Pierre-Le Tampon (106 400 habitants), au sud de l'île, joue un véritable rôle de centre secondaire et les deux autres sous-préfectures, Saint-Paul et Saint-Benoît, polarisent leur espace immédiat.

Agglomération ou ville chef-lieu (1)	Saint-Pierre-et-Miquelon	Nouvelle-Calédonie	Guyane	Polynésie française	Martinique	Mayotte	Guadeloupe	Réunion
Nom	Saint-Pierre	Nouméa	Cayenne	Papeete	Fort-de-France	Dzaoudzi	Pointe-à-Pitre	Saint-Denis
Composition communale		Dumbéa Mont-Dore Païta	Rémire-Monjoly Matoury	Faaa Punaauia Pirae Mahina Arue	Le Lamentin Schœlcher	Pamandzi Mamoudzou	Les Abymes Le Gosier Baie-Mahaut	Sainte-Marie
Population communale au dernier recensement	5 580	97 581	63 004	94 805	149 911	33 901	124 422	142 123
Part de la population du département, territoire ou collectivité territoriale qu'elle concentre (%)	89	59	55	50	42	36	32	24
Part de la superficie du département, territoire ou collectivité territoriale qu'elle occupe (%)	11	8,8	0,2	8,9	11,3	18,3	10,3	9,2
Rapport entre la population de l'agglomération ou de la ville chef-lieu et celle de la première commune suivante n'appartenant pas à l'agglomération	8	11,2	4,5	10,5	7,6	5,6	4,4	2

(1) Quand l'entité urbaine s'étend sur plusieurs communes on a défini pour chacun des chefs-lieux des agglomérations multi-communales.
La ville de Saint-Pierre est la seule entité monocommunale.

La concentration de la population dans les agglomérations et villes chefs-lieux

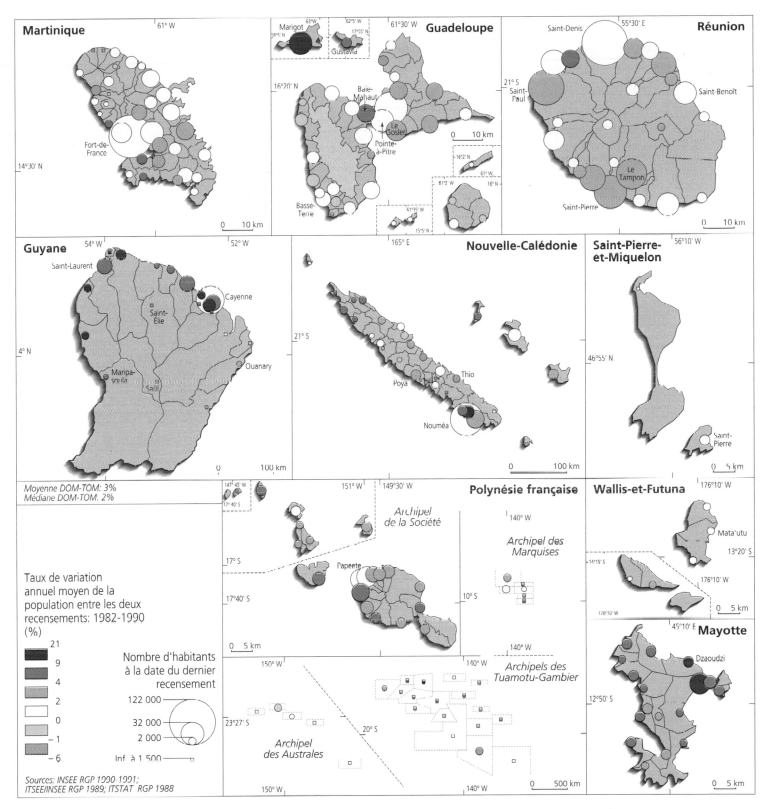

13.4.1. Variations de la population communale entre les deux derniers recensements

Les DOM insulaires, à l'exception des dépendances septentrionales de la Guadeloupe, se caractérisent par une croissance démographique moins rapide que celle de la Guyane et des autres outre-mers.

La variation moyenne annuelle de la population communale entre les deux derniers recensements est un révélateur non seulement des déséquilibres démographiques intercommunaux (accroissement naturel et mouvements migratoires) mais encore des situations économiques contrastées (croissance, stagnation ou déprise) à l'échelle de l'ensemble des territoires considérés ou de certaines parties de ces territoires (carte 13.4.1). Le contexte général est de croissance — voire d'explosion — démographique puisque, dans l'ensemble des outre-mers, le taux d'accroissement de la population entre les deux derniers recensements est compris entre 4% à Saint-Pierre-et-Miquelon et 57% en Guyane (celui de la population métropolitaine n'est que de 4%).

Certaines communes ont cependant enregistré une diminution de leur population, et le taux moyen annuel de croissance pendant la période intercensitaire s'est échelonné de 0,5% à Saint-Pierre-et-Miquelon à 5,9% à Mayotte. La Guyane et Mayotte se singularisent par un taux moyen annuel particulièrement élevé. En Guyane, le croissant démographique Cayenne-Saint-Laurent-Maripasoula a enregistré un taux supérieur à 3% par an entre 1982 et 1990. La deuxième couronne de la banlieue de Cayenne (Macouria, Montsinery) et les régions frontalières de l'Ouest, touchées par la migration des réfugiés surinamiens, ont connu les taux moyens annuels les plus élevés. Mais le reste du département se caractérise par une stagnation démographique. On note même une régression dans les communes enclavées de l'Est (Ouanary) et de l'Intérieur (Saint-Élie, Saül), régression que l'on peut relativiser en précisant que ces trois communes abritent moins de 150 habitants chacune.

Alors qu'en Guyane 60% du taux de variation annuel est assuré par l'apport migratoire, ailleurs la croissance démographique s'explique essentiellement par l'accroissement naturel. Entre les deux derniers recensements, les trois quarts des communes des outre-mers ont enregistré un taux de variation moyen annuel supérieur à 0,5%, qui est le taux métropolitain.

Les convergences ne doivent toutefois pas masquer les disparités intercommunales au sein d'un même territoire ; les croissances périurbaines sont fortes partout. L'exemple de la Guadeloupe est particulièrement significatif. Alors que la population des communes rurales en crise régresse, les communes contenant les centres-villes (Pointe-à-Pitre et Basse-Terre) voient leur population stagner et les communes péricentrales progressent (Baie-Mahault, Le Gosier). Une fois encore, la singularité guadeloupéenne tient au comportement divergent des dépendances : les îles du Nord, très dynamiques, ont des taux moyens annuels très élevés (6,4% à Saint-Barthélemy et 17,1% à Saint-Martin où les flux migratoires sont intenses) alors que les variations moyennes sont nulles ou négatives dans les dépendances rurales en crise (La Désirade, Les Saintes et Marie-Galante).

La Réunion est le seul DOM dont aucune des communes ne voit sa population régresser. Les problèmes socioéconomiques n'y sont pas moins aigus que dans les autres DOM, mais la transition démographique y est moins avancée. Dans les TOM, la situation de la Nouvelle-Calédonie est intéressante en raison de la diversité communale — il en est d'ailleurs de même en Polynésie française. Le « grand » Nouméa a vu sa population augmenter rapidement, en particulier sa proche périphérie (Dumbéa) ; la croissance des communes insulaires et septentrionales correspond à un fort accroissement naturel ; en revanche, la diagonale allant de Thio à Poya se caractérise par une évolution négative de la population, en raison de la crise de l'extraction du nickel.

Enfin, il est intéressant de comparer cette carte et celle de la densité communale. Les différentes phases de la transition démographique apparaissent nettement. Les situations de Mayotte et de Wallis-et-Futuna sont particulièrement révélatrices : alors que les densités de ces deux espaces sont élevées, les taux moyens annuels d'accroissement sont respectivement de 5,9% et de 1,4% ; alors que la croissance de la plupart des communes mahoraises atteint plus de 4% par an, celle des

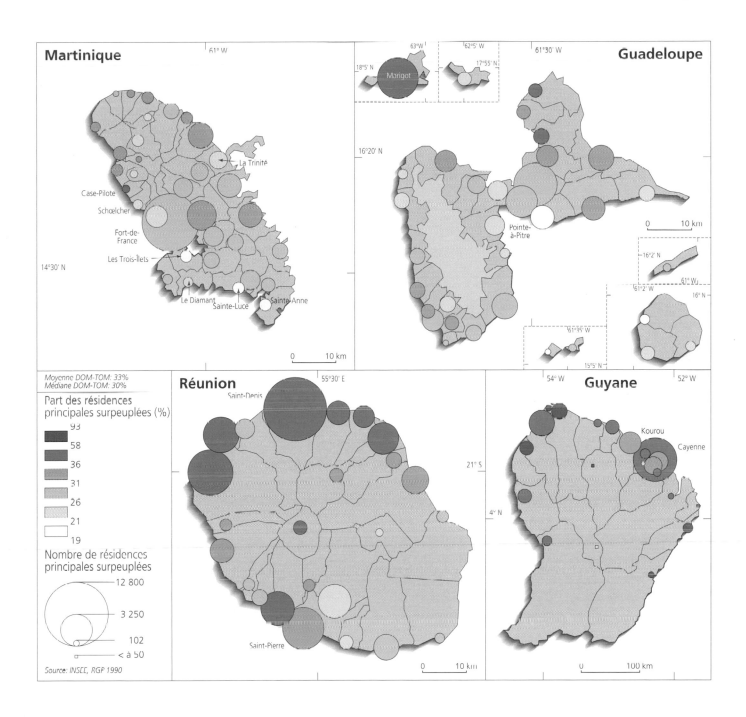

13.4.2. Surpeuplement des résidences principales dans les DOM

Dans l'ensemble, les logements sont plus surpeuplés dans les DOM qu'en métropole. Toutefois, ce phénomène est plus prononcé en Guyane et à la Réunion qu'aux Antilles (le nombre de résidences surpeuplées correspond à la somme des résidences dont le surpeuplement est modéré et de celles dont le surpeuplement est accentué).

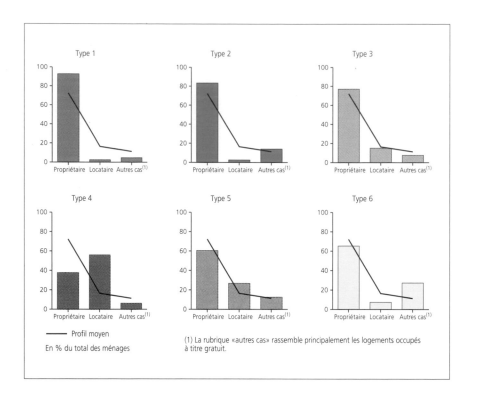

Statut d'occupation de la résidence principale (carte 13.4.3)

— Profil moyen

En % du total des ménages

(1) La rubrique «autres cas» rassemble principalement les logements occupés à titre gratuit.

communes wallisiennes et futuniennes reste inférieure à 2% (à l'exception d'Alo dont le taux est de 2,1%).

Le surpeuplement des résidences principales est moins représentatif des tensions récentes dues à la croissance démographique qu'à des disparités intrarégionales des niveaux et des modes de vie (carte 13.4.2). Analyser les situations extrêmes, la Martinique où le pourcentage de résidences principales surpeuplées est le plus faible (28%) et la Guyane où il est le plus élevé (42%) permet de prendre en compte la diversité et la complexité des facteurs explicatifs. À la Martinique, un lien étroit apparaît entre surpeuplement et ruralité ; ce dernier terme englobe non seulement les communes rurales mais encore les communes urbaines, dans lesquelles une part importante de la population vit dans des hameaux ruraux (quartiers).

À ce schéma général, des correctifs doivent être apportés pour expliquer la situation des communes dans lesquelles le pourcentage de résidences principales surpeuplées est faible (moins de 25%). Il s'agit en général de communes qui ont connu une forte

Indice de peuplement

L'indice de peuplement, calculé en confrontant le nombre de pièces et les caractéristiques des personnes du ménage, permet de mesurer le degré d'occupation des logements. Cet indicateur a été établi par l'INSEE, en accord avec le ministère de l'Équipement, lors du recensement de 1968. La « norme d'occupation » (peuplement normal) correspond aux caractéristiques suivantes :
• une pièce de séjour ;
• une pièce pour chaque personne de référence d'un ménage ;
     • une pièce pour chaque non-célibataire hors famille ;
• une pièce pour chaque célibataire de 19 ans ou plus ;
• un certain nombre de pièces pour les enfants célibataires de moins de 19 ans (une pièce pour deux enfants de même sexe, sauf s'ils ont moins de 7 ans) ;
• une pièce pour l'ensemble des domestiques et des salariés logés.
     L'indice de peuplement s'interprète ainsi :
– 2 : sous-peuplement accentué (au moins deux pièces de plus que la norme) ;
– 1 : sous-peuplement modéré (une pièce de plus que la norme) ;
  0 : peuplement normal (nombre de pièces égal à la norme) ;
+ 1 : surpeuplement modéré (une pièce de moins que la norme) ;
+ 2 : surpeuplement accentué (au moins deux pièces de moins que la norme).

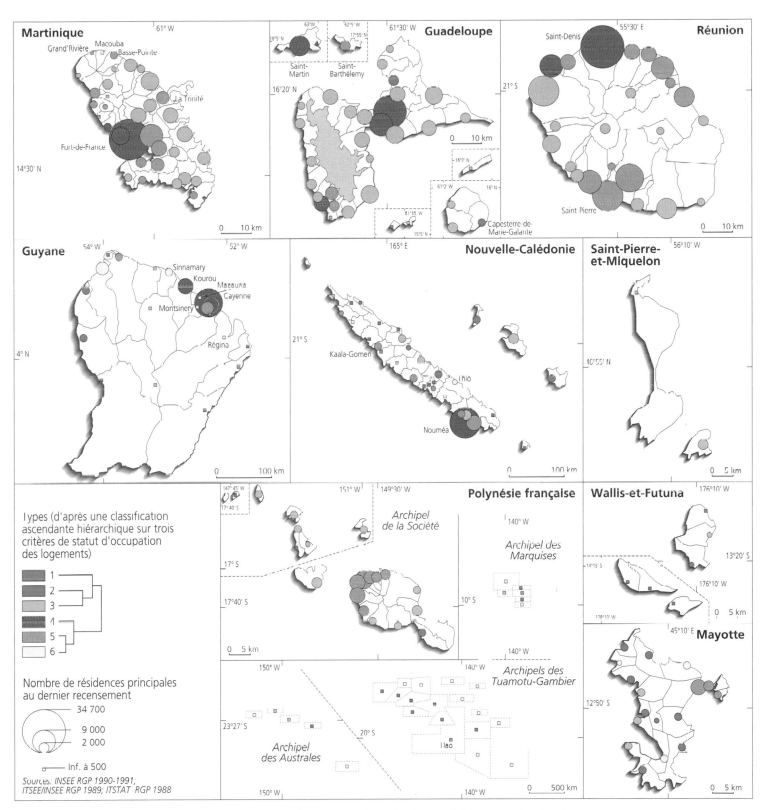

Martinique

Grand'Rivière   Macouba
                Basse-Pointe

La Trinité

Fort-de-France

14°30' N

61° W

0   10 km

Guadeloupe

63° W   62°5' W   61°30' W

18°5' N   17°55' N
Saint-Martin   Saint-Barthélemy

16°20' N

0   10 km

61°2' W   16° N

61°35' W
15°5' N

Capesterre-de-
Marie-Galante

Réunion

55°30' E

Saint-Denis

21° S

Saint Pierre

0   10 km

Guyane

54° W   52° W

Sinnamary
Kourou
Macouria
Cayenne
Montsinery

Régina

4° N

0   100 km

Nouvelle-Calédonie

165° E

21° S

Kaala-Gomen

Thio

Nouméa

0   100 km

Saint-Pierre-
et-Miquelon

56°10' W

46°55' N

0   5 km

Types (d'après une classification
ascendante hiérarchique sur trois
critères de statut d'occupation
des logements)

1
2
3
4
5
6

Nombre de résidences principales
au dernier recensement

34 700

9 000

2 000

Inf. à 500

Sources: INSEE RGP 1990-1991;
ITSEE/INSEE RGP 1989; ITSTAT RGP 1988

Polynésie française

147°45' W   151° W   149°30' W

17°40' S

Archipel
de la Société

17° S

17°40' S

0   5 km

150° W

23°27' S   20° S

Archipel
des Australes

150° W

140° W

Archipel des
Marquises

10° S

140° W

Archipels des
Tuamotu-Gambier

Iao

0   500 km

140° W

Wallis-et-Futuna

176°10' W

13°20' S

14°15' S   176°10' W

178°10' W   0   5 km

45°10' E   Mayotte

12°50' S

0   5 km

13.4.3. Statut d'occupation de la résidence principale

Les locataires dominent dans les communes fortement urbanisées et les propriétaires dans les communes rurales. Dans les communes où les sociétés sont restées traditionnelles, les occupants à titre gratuit sont nombreux.

croissance démographique au cours des années 1980 et qui sont souvent situées à l'intérieur des auréoles externes de l'agglomération principale (Case-Pilote, Le Diamant, Schœlcher, Les Trois-Îlets…).

Mais le surpeuplement peut aussi apparaître dans des communes socialement privilégiées (Schœlcher) ou orientées vers le tourisme et où une partie des résidences principales est louée à la semaine ou au mois (Les Trois-Îlets, Le Diamant, Sainte-Luce, Sainte-Anne, La Trinité). En Guyane, le pourcentage de résidences surpeuplées est très élevé sauf à Kourou et dans l'« île » de Cayenne, où les taux restent néanmoins supérieurs à 25%. Deux facteurs expliquent cette forte promiscuité. D'une part, l'existence de sociétés vivant sur le mode clanique, système qui est très éloigné de la « norme d'occupation » établie par l'INSEE est une des explications de ces taux élevés. D'autre part, le nombre élevé d'immigrants (les deux tiers seraient des clandestins) et de réfugiés qui vivent dans des conditions précaires doit aussi entrer en ligne de compte.

Le statut d'occupation du logement retrouve des régularités géographiques plus proches de celles rencontrées en métropole (carte 13.4.3). La probabilité d'être propriétaire est directement liée au niveau d'urbanisation de la commune. Ce n'est qu'au-delà de ce principe simple que sont discernables les spécificités locales des sociétés autochtones. À la Martinique, le versant caraïbe de l'île regroupe les communes les plus directement associées au pôle foyalais (surreprésentation des locataires) alors que celles du versant atlantique ont toujours une tradition agricole affirmée (surreprésentation des propriétaires) ; on retrouve donc une organisation en auréoles à partir de la conurbation centrale de l'île. De tels gradients sont partout repérables.

Aux effets de la centralité urbaine (offre réduite, spéculation immobilière, affectation des immeubles et des terrains à des fonctions tertiaires…) s'ajoutent ceux de la résorption de l'habitat insalubre dans le cadre d'opérations de grande envergure à partir des années 1960 dans les DOM, de la construction de grands ensembles collectifs et de villas en location par des sociétés publiques et privées dans les communes

péricentrales et enfin les effets essentiels des politiques communales (cas de La Trinité en Martinique).

À Saint-Martin et à Saint-Barthélemy, la surreprésentation des locataires s'explique par la forte croissance démographique, la défiscalisation et l'activité touristique (location saisonnière et logement permanent des nouveaux arrivants qui travaillent dans ce secteur clef de l'économie des deux dépendances guadeloupéennes). La Réunion se singularise par une surreprésentation des locataires dans la moitié des communes. L'existence d'une armature urbaine moins incomplète que celle des autres outre-mers en est une des causes. Enfin, les locataires dominent dans les enclaves (Kourou en Guyane et Hao en Polynésie française).

Les propriétaires sont fortement surreprésentés dans les communes rurales en crise (Capesterre-de-Marie-Galante a vu sa population diminuer de plus de 25% entre 1974 et 1990) et dans les communes habitées par les populations autochtones. En effet, la propriété est le statut traditionnel d'occupation de la résidence principale (côte orientale de la Nouvelle-Calédonie peuplée essentiellement de Mélanésiens, intérieur de la Guyane occupée par les Amérindiens et les Bushi Nengué, Wallis-et-Futuna, Polynésie française, Mayotte).

La surreprésentation des résidences occupées à titre gratuit recouvre des situations très différentes. On trouve en Nouvelle-Calédonie des communes dans lesquelles sont implantées les sociétés minières (Thio et Kaala-Gomen) qui mettent des logements à la disposition de leur personnel. On repère en Martinique des communes nord-atlantiques (Macouba et, à un degré moindre, Grand-Rivière et Basse-Pointe) où ce type d'occupation est lié à la forte proportion de salariés agricoles et au maintien de structures héritées de l'époque coloniale — les travailleurs étant logés gratuitement sur l'«habitation». Ici, la gratuité est aussi associée à la faible tension sur le marché du logement dans des communes qui ont vu leur population décroître au cours des dernières décennies. Enfin, la gratuité peut caractériser le logement de communes guyanaises (Sinnamary, Macouria, Montsinery, Régina) dans lesquelles les employés des exploitations d'élevage sont souvent logés gratuitement,

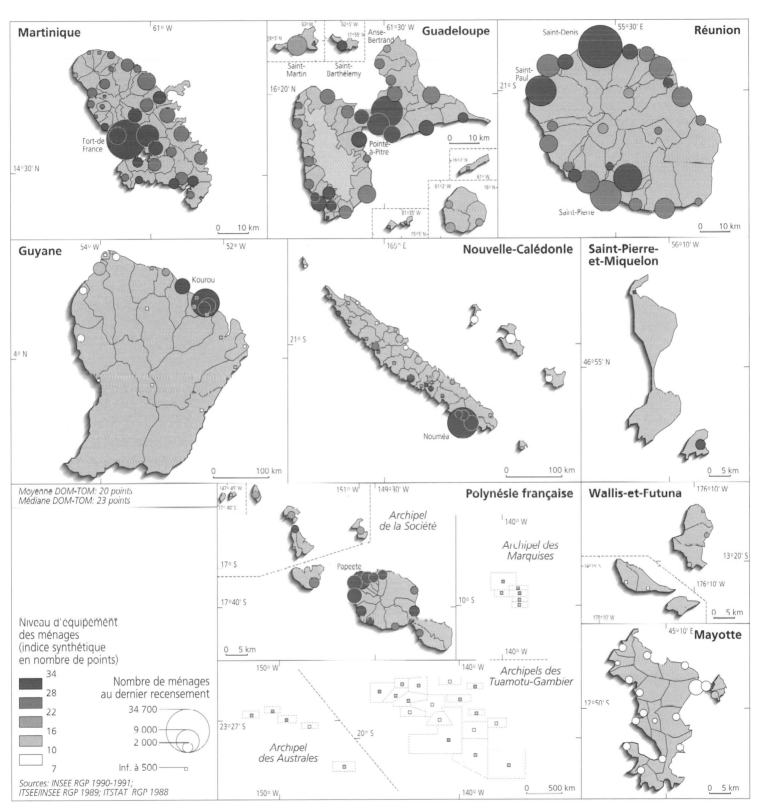

13.4.4. L'équipement des ménages

Les DOM insulaires, Saint-Pierre-et-Miquelon et Tahiti présentent un niveau moyen d'équipement des ménages supérieur à celui des ménages des autres outre-mers.

	Propriétaires de la résidence principale (%)	Ménages équipés d'un réfrigérateur (%)	Ménages équipés d'un téléviseur (%)	Ménages équipés d'un téléphone (%)	Ménages équipés d'au moins une automobile (%)	Ménages équipés d'au moins deux automobiles (%)
Guadeloupe	63	85	79	71	49	12
Guyane	41	74	66	58	45	10
Martinique	61	87	82	83	53	12
Réunion	56	90	85	77	51	10
Mayotte	69	15	15	10	9	—
Nouvelle-Calédonie	56	68	70	37	62	20
Polynésie française	69	81	81	53	68	24
Saint-Pierre-et-Miquelon	72	—	—	—	67	16
Wallis-et-Futuna	91	40	45	8	27	—
Métropole	*54*	*98*	*95*	*94*	*76*	*25*

L'équipement des ménages

ou de communes polynésiennes occupées par certaines sociétés traditionnelles où l'appropriation de la terre est collective (Nord-Est de l'archipel des Tuamotu et certaines îles de l'archipel des Australes).

Autant que le surpeuplement des logements, le niveau moyen de l'équipement des ménages met en évidence les grandes oppositions entre centres et périphéries que les indicateurs démographiques révèlent (tableau et carte 13.4.4). Plusieurs approches sont possibles en fonction de l'échelon géographique d'analyse. Si l'on considère l'ensemble des outre-mers, trois groupes peuvent être différenciés : le premier, où les ménages sont bien équipés, est constitué des DOM insulaires et de Saint-Pierre-et-Miquelon ; le deuxième, qui rassemble les territoires dans lesquels les ménages sont mal équipés, comprend Wallis-et-Futuna et Mayotte ; le troisième, très hétérogène, regroupe la Guyane, la Nouvelle-Calédonie et la Polynésie française.

À une échelle plus fine, on constate qu'à l'exception de Mayotte, les agglomérations urbaines (les préfectures régionales et les centres secondaires des DOM d'une part, Nouméa, Papeete et leurs communes péricentrales d'autre part), les secteurs touristiques (Saint-Barthélemy, littoral méridional de la Grande-Terre, commune de Saint-Paul, archipel de la Société)

et les enclaves (Kourou) s'opposent aux communes rurales, qui sont moins bien équipées.

La diminution de l'indice, selon un gradient sud-nord, est particulièrement nette en Grande-Terre depuis les communes touristiques jusqu'à Anse-Bertrand. En Nouvelle-Calédonie, les ménages des communes majoritairement mélanésiennes de la côte orientale et des îles sont moins bien équipés que ceux des communes à peuplement européen de la côte occidentale.

Il est toutefois nécessaire de nuancer les conclusions tirées de l'analyse de cette carte. En effet, l'indicateur synthétique a été élaboré à partir des « normes » de confort caractéristiques des pays développés à économie de marché sans aucune adaptation aux conditions de vie spécifiques des milieux et des sociétés locales : l'exiguïté des îles polynésiennes et la forêt amazonienne, qui couvre la plus grande partie de la Guyane, rendent inutiles l'acquisition d'une automobile ; la possession de certains appareils électroménagers n'a que peu de sens dans des sociétés traditionnelles et des économies peu monétarisées.

En dépit des oppositions entre les espaces ultra-marins, des ruptures et des lignes de fracture intra-territoriales, certaines convergences unissent les outre-mers : accroissement des inégalités, marginalisation

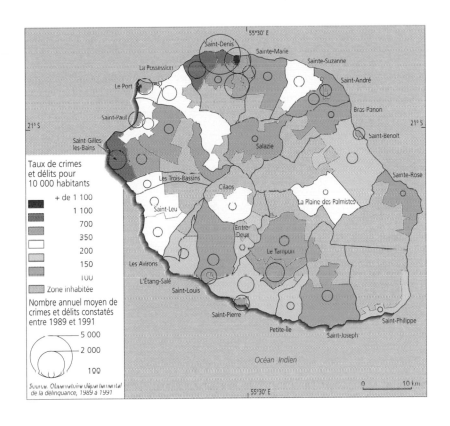

13.4.5. La criminalité à la Réunion

La criminalité est plus élevée dans les zones urbaines que dans les zones rurales. La préfecture régionale et le secteur balnéaire principal sont les foyers où le taux de criminalité est particulièrement fort.

socioéconomique d'une part de plus en plus grande de la population, aggravation des processus d'exclusion... Il est à craindre que l'accélération des mécanismes qui tendent à rejeter un nombre croissant d'habitants des outre-mers hors de la société de consommation, considérée comme le seul « modèle » viable, voire à multiplier le nombre d'indigents, ne débouche sur une escalade de la violence, le plus souvent urbaine. Celle-ci s'exprime soit par une recrudescence et un durcissement de la délinquance, à l'exemple de la Guyane, soit sous la forme d'émeutes urbaines issues, en partie, de revendications politico-sociales.

La carte de la criminalité apparente globale à la Réunion a été élaborée en tenant compte du nombre de délits pour 10 000 habitants à l'échelon des brigades territoriales des gendarmeries et des bureaux et commissariats de police en zone urbaine (carte 13.4.5). Elle montre que les centres urbains principaux et secondaires ainsi que le secteur balnéaire de Saint-Gilles (au sud de Saint-Paul) sont plus touchés par une criminalité

caractérisée par la forte proportion des escroqueries et des crimes et délits contre les personnes. L'alcoolisme, la promiscuité et le chômage constituent des facteurs aggravants.

Indépendamment des actes de vandalisme, la récurrence des émeutes dans les outre-mers, traduit la persistance des inquiétudes identitaires face à la déstructuration des sociétés rurales traditionnelles. Les revendications qui sont à l'origine de ces flambées de violence traduisent toujours le désir d'établir avec la métropole des relations différentes qui seraient fondées à la fois sur la solidarité, le respect des cultures locales et une plus large décentralisation des pouvoirs, lorsqu'il ne s'agit pas de la demande de l'indépendance (Nouvelle-Calédonie, Polynésie française).

André Calmont, Henry Godard, Bernard Rémy,
Christian de Vassoigne
avec la collaboration de Didier Benjamin,
Olivier Frouté, Jean-Christophe Gay

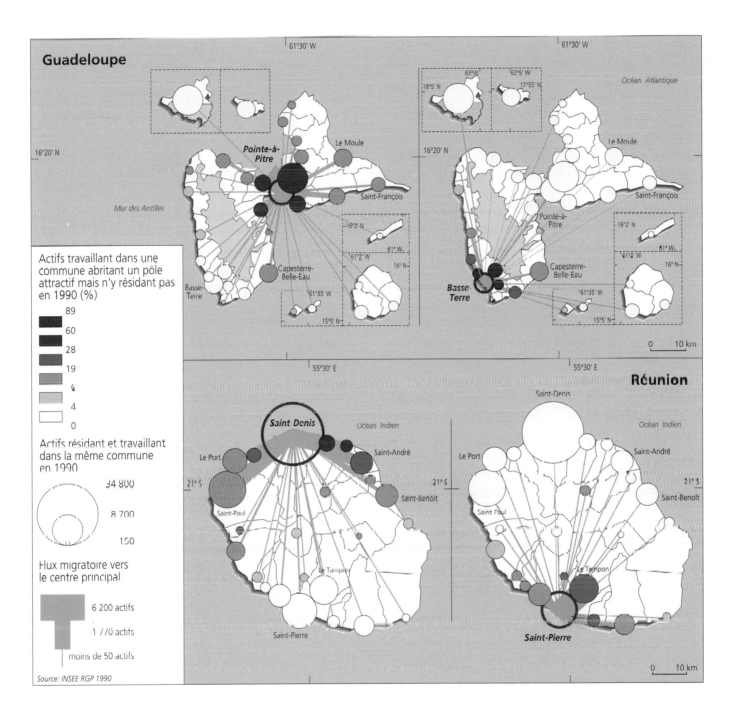

la Réunion, deux bassins d'emploi d'importance inégale concentrent l'essentiel des déplacements. Deux pôles fonctionnent de façon autonome : Saint-Martin, enclave touristique guadeloupéenne, et Kourou, enclave technologique guyanaise ; le nombre d'emplois y est élevé et les actifs résident sur place.

actives. Le Lamentin, second pôle d'emploi de l'île, développe désormais sa propre aire d'attraction à l'intérieur de cet ensemble. Les trois auréoles suivantes (classes 3, 4 et 5) englobent des communes qui sont de plus en plus intégrées dans l'agglomération foyalaise, puisque 30 à 60% de leurs travailleurs y ont un emploi. Le relief et les principaux axes routiers déforment ces auréoles, qui s'étirent le long des routes nationales. Les ensembles montagneux, marqués par la ruralité, sont des secteurs répulsifs, mais avec des nuances : les communes périphériques du massif des Pitons du Carbet et de la montagne Pelée dessinent une zone de transition (classe 5), mieux intégrée que l'intérieur et l'extrême nord (classe 7).

L'urbanisation des zones agricoles est un autre indicateur des tensions que suscite la proximité des centres urbains les plus dynamiques. L'étude de ce processus à partir d'une analyse à l'échelon intracommunal, effectuée pour l'île de la Réunion (carte 13.4.11), permet de préciser la nature et les directions de ces tensions. De par leurs caractéristiques géographiques, historiques et culturelles, les Hauts de la Réunion singularisent cette île parmi les autres outre-mers, dans lesquels le domaine montagneux est peu occupé. Parallèlement à l'histoire coloniale de l'île, le relief et le volcanisme, qui impriment leur marque sur l'organisation spatiale, ont servi de cadre à une véritable épopée intérieure. Terres de refuge d'abord, terres de conquête ensuite, les Hauts ont été, pour ceux qui ont choisi d'y vivre, l'occasion de se forger un nouveau mode de vie. Lieux mythiques, ils ont servi de scène aux contes et légendes populaires et permettent aujourd'hui le développement du tourisme vert.

Ce n'est qu'à la fin du XIXᵉ siècle que les pouvoirs publics ont organisé la mise en valeur des Hauts (attribution de concessions, création de routes). Celle-ci s'est accélérée, au cours de la première décennie du XXᵉ siècle, avec la «ruée du géranium» qui est à l'origine du peuplement des Hauts de l'Ouest et du Sud. L'accentuation du déséquilibre entre le littoral et les Hauts marque les années 1950, en raison de la crise du géranium.

Aujourd'hui, les taux de croissance de la population des Hauts sont proches de ceux du littoral. La population de la plupart des quartiers augmente régulièrement, pour atteindre 118 000 habitants en 1990. Cependant, cette croissance est très sélective. Elle correspond à un départ

des jeunes de moins de 35 ans et à un retour des personnes âgées. Géographiquement, trois grandes tendances se dessinent. La première, en relation avec la saturation des espaces littoraux et l'amélioration des voies de communication, est un mouvement significatif de remontée de la population des quartiers proches des grands centres urbains du littoral et des nouveaux axes routiers vers les Hauts. Les quartiers dont la croissance démographique est très élevée bénéficient d'apports externes dus à la fois au retour de familles ayant quitté le quartier, à la transformation de résidences secondaires en résidences principales et à l'installation de nouveaux résidants qui habitent un quartier des Hauts mais vont travailler dans les bas. Par ailleurs, la croissance de la population se fait non seulement à l'intérieur des bourgs par densification, mais encore dans les quartiers ruraux périphériques par extension (Sainte-Rose, Saint-Philippe). Ce constat a permis de jeter les bases d'une politique de structuration des bourgs qui, tout en protégeant l'espace rural, est destinée à offrir aux populations un niveau de services et de logement comparable à celui du littoral. Enfin, les quartiers dont le dynamisme est faible sont ceux dont l'enclavement est marqué et où persiste l'exode rural, principalement celui des jeunes. C'est le cas des trois cirques (Cilaos, Salazie et Mafate).

La polarisation des espaces ultramarins par les centres urbains principaux domine l'organisation de ces territoires. De façon directe ou indirecte, ces centres induisent des ruptures et des discontinuités, atténuent ou renforcent les contraintes physiques et l'impact des actions de l'homme sur la mise en valeur des milieux, accentuent ou minorent des effets de barrière, des seuils ; ils peuvent amplifier certains processus ségrégatifs.

Olivier Debray, Henry Godard, Thierry Hartog,
Laurent Sens, Christian de Vassoigne
avec la collaboration de André Calmont,
Christophe Hillairet

Références : ASSOCIATION POUR LA PROMOTION EN MILIEU RURAL (APR), 1995, *Analyse des quartiers des hauts : analyse statistique de l'ensemble des quartiers des Hauts, Saint-Denis,* Commissariat à l'aménagement des Hauts (CAH), 38 p.— INSTITUT D'ÉMISSION DES DÉPARTEMENTS D'OUTRE-MER, 1995, *La Grande Distribution de détail dans les départements d'outre-mer et à Saint-Pierre-et-Miquelon,* Paris, IÉDOM, 207 p.— INSTITUT D'ÉMISSION DES DÉPARTEMENTS D'OUTRE-MER, 1995, Documents de travail relatifs à la grande distribution en Nouvelle-Calédonie et en Polynésie française.

Atlas de France

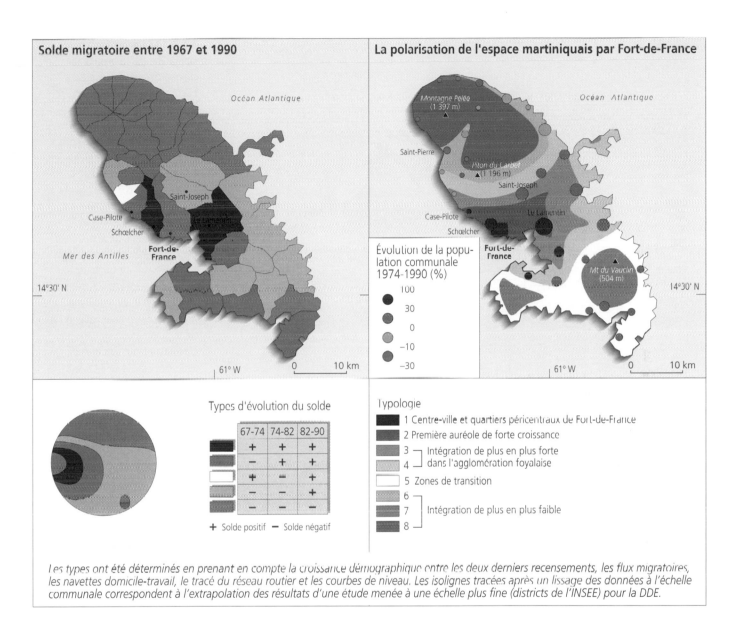

Solde migratoire entre 1967 et 1990

Océan Atlantique

Saint-Joseph

Case-Pilote

Schœlcher

Fort-de-France

Mer des Antilles

14°30' N

61° W   0   10 km

La polarisation de l'espace martiniquais par Fort-de-France

Montagne Pelée
(1 397 m)

Océan Atlantique

Saint-Pierre

Piton du Carbet
(1 196 m)

Saint-Joseph

Case-Pilote

Le Lamentin

Schœlcher

Fort-de-France

Mt du Vauclin
(504 m)

14°30' N

Évolution de la population communale 1974-1990 (%)
- 100
- 30
- 0
- −10
- −30

61° W   0   10 km

Types d'évolution du solde

	67-74	74-82	82-90
	+	+	+
	−	+	+
	+	−	+
	−	−	+
	−	−	−

+ Solde positif   − Solde négatif

Typologie
- 1 Centre-ville et quartiers péricentraux de Fort-de-France
- 2 Première auréole de forte croissance
- 3 ⎤ Intégration de plus en plus forte
- 4 ⎦ dans l'agglomération foyalaise
- 5 Zones de transition
- 6 ⎤
- 7 ⎥ Intégration de plus en plus faible
- 8 ⎦

Les types ont été déterminés en prenant en compte la croissance démographique entre les deux derniers recensements, les flux migratoires, les navettes domicile-travail, le tracé du réseau routier et les courbes de niveau. Les isolignes tracées après un lissage des données à l'échelle communale correspondent à l'extrapolation des résultats d'une étude menée à une échelle plus fine (districts de l'INSEE) pour la DDE.

13.4.10. La domination de l'agglomération foyalaise en Martinique

Trois zones se différencient. La partie centrale de l'île constitue l'aire d'attraction directe de l'agglomération de Fort-de-France et connaît un regain démographique récent. Échappant davantage à l'emprise du pôle foyalais, les deux extrémités de l'île s'opposent : un Sud devenu attractif ; un Nord resté répulsif.

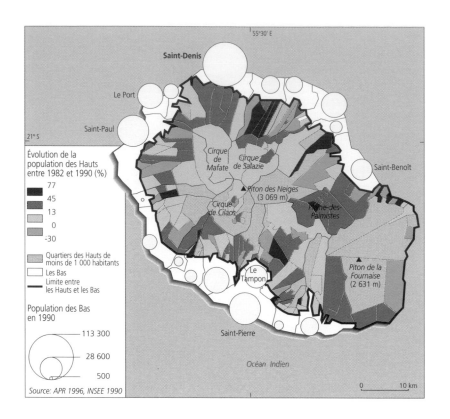

13.4.11. La croissance urbaine et la reprise démographique des Hauts de la Réunion
La crise du géranium et les effets directs et indirects de la départementalisation qui, en favorisant la concentration de la population et des activités sur le littoral, font vaciller la société rurale traditionnelle des Hauts, provoquent l'exode rural, le départ des élites et le retour à la friche de nombreuses terres productives. De plus, globalement, on constate une plus forte progression de la population des Hauts du Nord et du Sud que de celle des Hauts de l'Ouest et de l'Est à l'exception de la Plaine-des-Palmistes

Les Hauts de la Réunion

Si le décret du 23 juin 1978 institue une zone spéciale d'action rurale, il faut attendre la promulgation du décret du 26 décembre 1994 pour que soit arrêtée une nouvelle délimitation des Hauts selon l'altitude, dans le cadre de la création des Territoires ruraux de développement prioritaire (TRDP). Cette limite, fixée à 300 m d'altitude en moyenne, oscille en fait selon les communes entre le niveau de la mer (communes de Sainte-Rose et Saint-Philippe) et 800 m. Du point de vue du législateur, les Hauts regroupent aujourd'hui 80% de l'espace réunionnais et 20% de la population totale de l'île (118 000 habitants). Originellement, c'est la limite supérieure de la culture de la canne à sucre qui bornait les Hauts. Le décret de 1994 s'appuie sur la notion de secteurs ruraux en retard de développement pour modifier cette limite. L'échelle retenue par l'Association pour la promotion en milieu rural (APR) pour mener à bien l'analyse des Hauts est celle du quartier, c'est-à-dire le lieu que l'on nomme pour dire où l'on vit. Tous les quartiers de plus de 100 habitants (146 unités spatiales) ont été pris en compte. La moitié des quartiers ont une population inférieure à 600 habitants et le plus peuplé, situé dans les Hauts de Saint-Denis, abrite 3 500 personnes.

Dans les années 1970, les pouvoirs publics ont pris conscience du retard de développement des Hauts et se sont engagés dans une politique à long terme, dans le cadre du Plan d'aménagement des Hauts (PAH). Le PAH, qui poursuit deux objectifs ambitieux et complémentaires, repose sur une démarche originale de développement local. D'une part, il s'agit de développer les activités des Hauts et de mettre en œuvre une politique rationnelle de mise en valeur de l'espace : récupération des friches et développement de l'agriculture, de la sylviculture et de l'élevage. Si les activités sylvo-pastorales sont considérées comme prioritaires, aucune filière n'est a priori négligée : cultures légumières, fruitières et florales, tourisme rural, artisanat. D'autre part, s'engage un processus de rééquilibrage entre les Hauts et le littoral en développant les infrastructures et en améliorant les conditions de vie de la population. Cette démarche est doublement originale par sa durée (programme à long terme) et par sa méthode (actions conduites en étroite collaboration avec la population). L'action des pouvoirs publics s'établit dans un cadre global qui tient compte des aspects économiques, sociaux et culturels et qui s'appuie simultanément sur la mise en valeur intégrée et cohérente de petites régions géographiques, l'émergence d'une dynamique impulsée par des acteurs locaux et le développement de filières économiques originales. L'efficacité du PAH dépend d'une articulation réussie entre ces diverses politiques.

Les dynamiques des outre-mers

Atlas de France

l'organisation spatiale de chacun des outre-mers montre des dynamiques de croissance et des déprises, des ensembles en crise et des régions en devenir, ainsi qu'une hiérarchisation des centres et des périphéries. Les éléments structurants communs à ces espaces et les disparités inter- et intraterritoriales s'observent quelle que soit l'échelle d'analyse.

Cette synthèse cartographique vise à dégager les grandes tendances de la structuration des outre-mers (cartes 13.4.12 à 13.4.21). Elle ne prétend ni à l'exhaustivité thématique ni à la précision de la délimitation des unités surfaciques. Inspirée par les travaux d'Alain Reynaud sur les concepts de centre et de périphérie[1], la démarche cherche à rendre compte de l'organisation spatiale et de ses dynamiques.

Trois clefs de lecture sont privilégiées : l'évolution du poids démographique communal entre les deux derniers recensements et la localisation des points d'entrée des flux migratoires ; les activités et les infrastructures ; les dynamiques spatiales. Ces cartes analytiques ont été élaborées à partir de travaux de terrain et de la synthèse des écrits et des documents cartographiques déjà produits. Elles s'inscrivent à la fois dans le temps (évolution du système ultramarin) et dans l'espace (état de ce système aujourd'hui, permettant l'analyse comparative des territoires). Elles s'insèrent dans l'ouvrage entre une caractérisation des communes et une modélisation graphique qui permettra de mieux saisir les structures communes à l'ensemble des outre-mers.

Afin de faciliter la lecture discursive de cette série de dix cartes, les légendes ont été harmonisées dans la mesure du possible. Les spécificités locales sont conservées lorsqu'elles marquent l'espace de façon durable. L'étude comparative doit cependant tenir compte du poids démographique, économique et fonctionnel de chacun des territoires considérés. Elle doit aussi replacer en permanence le phénomène observé dans son contexte local. Il serait abusif, par exemple,

de comparer le bourg de Mata'utu, aux fonctions très incomplètes, qui polarise un espace de 95 km² et occupe l'une des trois communes de l'île de Wallis (moins de 3 500 habitants en 1990) et l'agglomération urbaine de Fort-de-France, aux fonctions centrales, dont l'aire d'influence couvre l'ensemble de la Martinique, soit plus de 1 100 km², et qui s'étend sur trois communes regroupant 150 000 habitants. Or, ces deux centres sont représentés par le même figuré et la teinte de leur proche périphérie, intégrée ou en cours d'intégration, a la même valeur.

Quelle que soit la diversité des superficies, des poids démographiques et des activités de chacun des outre-mers, des éléments de convergence apparaissent dans la structuration de ces territoires. Un fort dynamisme caractérise les centres urbains principaux. Ceux-ci sont parfois multipolaires, souvent macrocéphales et regroupent toujours les fonctions de commandement. Les secteurs et les enclaves touristiques et minières, ainsi que les semi-isolats technologiques et militaires, montrent un égal dynamisme. Les zones agricoles en cours de restructuration ou mises en valeur de façon intensive se comportent comme des périphéries intégrées étroitement liées aux centres. Les périphéries agricoles en crise ou en déclin sont occupées par des cultures vivrières ou traditionnelles et se caractérisent par un peuplement fréquemment autochtone. Enfin, les angles morts correspondent à des domaines souvent montagneux qui sont parfois classés comme des espaces naturels protégés.

En **Martinique** (carte 13.4.12), les fonctions centrales sont rassemblées dans la conurbation foyalaise, ensemble tripolaire regroupant 44% de la population de l'île et la plupart des emplois ; elle est dominée par Fort-de-France, capitale macrocéphale dont la stagnation

1. A. REYNAUD, 1992, «Centre et périphérie», *Encyclopédie de géographie*, Paris, Economica, p. 599-615.

de la population depuis les années 1960 masque un phénomène classique de dévitalisation du centre-ville et de dynamisme de la périphérie. Entre domination et intégration selon un gradient déterminé par la distance au centre, la proche périphérie contient l'essentiel du bassin d'emploi de la conurbation foyalaise. Entre tradition et stagnation, les périphéries marquées par la ruralité, qui correspondent au pourtour du massif montagneux du Nord et aux mornes du Sud, ne font pas partie de l'aire d'influence directe du centre. Les angles morts, régions montagneuses compartimentées, excentrées et caractérisées par de faibles densités humaines, sont la réserve écologique de l'île. Loin d'être vide, la diagonale des mornes correspond à l'aire du microfonds ; ce domaine, reliquat du système des plantations, qui prend en écharpe la Martinique, est plus discontinu sur la côte caraïbe que sur la côte atlantique et se tient entre 100 et 250 mètres d'altitude.

En **Guadeloupe** (carte 13.4.13), la région pointoise, centre économique et démographique principal de l'archipel guadeloupéen, s'est développée à partir d'un petit centre, aujourd'hui congestionné, en Grande-Terre puis en Basse-Terre. Le dynamisme démographique du Nord de Basse-Terre est engendré par la proximité de l'agglomération pointoise ; une tentative de restructuration par des centres-relais est en cours. La région de Basse-Terre, pôle politico-administratif secondaire, est en déclin démographique et économique. La côte au vent de Basse-Terre, traversée par l'axe routier majeur reliant les deux « capitales », s'appuie sur le relais médian de Capesterre-Belle-Eau. L'Intérieur et le Sud de Grande-Terre correspondent à une région cannière partiellement transformée par la diversification agricole (maraîchage périurbain), le grignotage foncier urbain (Les Grands-Fonds), les constructions touristiques stimulées par la défiscalisation (axe littoral Le Gosier-Saint-François).

En **Guyane** (carte 13.4.14), les axes d'extension du front pionnier limitent la partie du territoire guyanais utile et utilisée. La région de Cayenne, y compris sa couronne périphérique en voie d'intégration, est le centre politique, économique et démographique de la Guyane. L'isolat technologique de Kourou possède son propre dynamisme interne. La région du Nord-Ouest est polarisée par Saint-Laurent ; son dynamisme est fondé sur les activités du secteur primaire. La région du Maroni, à population croissante, stagne économiquement. Le dynamisme démographique et économique des autres régions est faible : la région agricole des « savanes » ; celle de l'Est ; l'Intérieur, périphérie vidée de sa population mais dont on exploite forêt, mines et énergie ; l'extrême-Sud, vaste angle mort.

À la **Réunion** (carte 13.4.15), la région urbaine de Saint-Denis, premier bassin d'emploi du département, rassemble les fonctions de commandement ; c'est la capitale régionale pour la Réunion et les îles voisines. Les grandes régions réunionnaises sont polarisées par des centres urbains bi- ou trinucléaires ; avec leur couronne périurbaine dynamique, ils servent de pôles d'équilibre. La région du Sud, structurée autour du tripôle Saint-Pierre, Le Tampon et Saint-Louis en cours d'agglomération, affirme son autonomie face à Saint-Denis (centre hospitalier, antenne universitaire) ; les fonctions des éléments du tripôle sont complémentaires. La région de l'Ouest est structurée autour du bipôle Le Port-Saint-Paul — qui associe industrie, commerce et tourisme littoral autour de Saint-Gilles (urbanisation rapide autour de l'axe routier des Hauts de l'Ouest). La région de l'Est, la moins peuplée et la moins urbanisée, est peu industrialisée ; fortement polarisée par Saint-Denis, la complémentarité fonctionnelle des éléments du bipôle constitué par Saint-André et Saint-Benoît est faible.

L'agriculture dynamique et intensive (canne à sucre, cultures maraîchères, élevage industriel) se concentre autour des pôles urbains principaux et de la côte au vent ; les secteurs agricoles en déclin (cultures industrielles traditionnelles) qui occupent la côte sous le vent seront peut-être dynamisés par le transfert des eaux d'est en ouest. Les périphéries peu exploitées sont orientées vers les activités sylvo-pastorales ; les angles morts sont occupés par des espaces naturels protégés ; l'isolat Mafate est en voie d'intégration grâce au tourisme vert.

(suite p. 106)

13.4.12. Organisation de l'espace de la Martinique

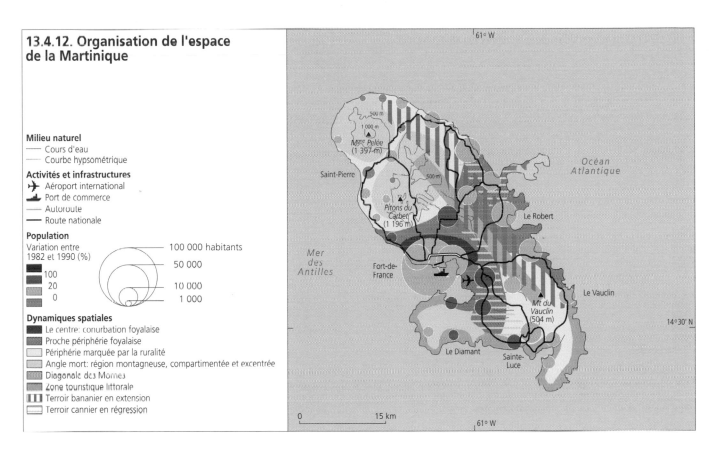

Milieu naturel
— Cours d'eau
— Courbe hypsométrique

Activités et infrastructures
✈ Aéroport international
⚓ Port de commerce
═ Autoroute
━ Route nationale

Population
Variation entre
1982 et 1990 (%)
100 000 habitants
50 000
100
20
0
10 000
1 000

Dynamiques spatiales
▮ Le centre: conurbation foyalaise
▮ Proche périphérie foyalaise
▯ Périphérie marquée par la ruralité
▮ Angle mort: région montagneuse, compartimentée et excentrée
▤ Diagonale des Mornes
▥ Zone touristique littorale
▥ Terroir bananier en extension
▯ Terroir cannier en régression

0   15 km

13.4.13. Organisation de l'espace de la Guadeloupe

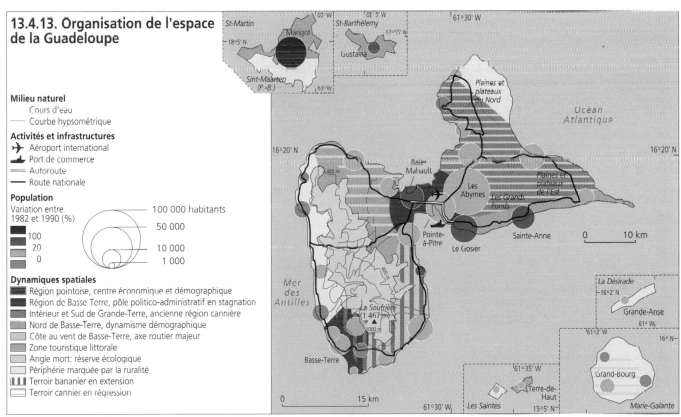

Milieu naturel
Cours d'eau
— Courbe hypsométrique

Activités et infrastructures
✈ Aéroport international
⚓ Port de commerce
═ Autoroute
━ Route nationale

Population
Variation entre
1982 et 1990 (%)
100 000 habitants
50 000
100
20
0
10 000
1 000

Dynamiques spatiales
▮ Région pointoise, centre économique et démographique
▮ Région de Basse Terre, pôle politico-administratif en stagnation
▮ Intérieur et Sud de Grande-Terre, ancienne région cannière
▤ Nord de Basse-Terre, dynamisme démographique
▥ Côte au vent de Basse-Terre, axe routier majeur
▥ Zone touristique littorale
▯ Angle mort: réserve écologique
▯ Périphérie marquée par la ruralité
▥ Terroir bananier en extension
▯ Terroir cannier en régression

0   15 km

13.4.14. Organisation de l'espace de la Guyane

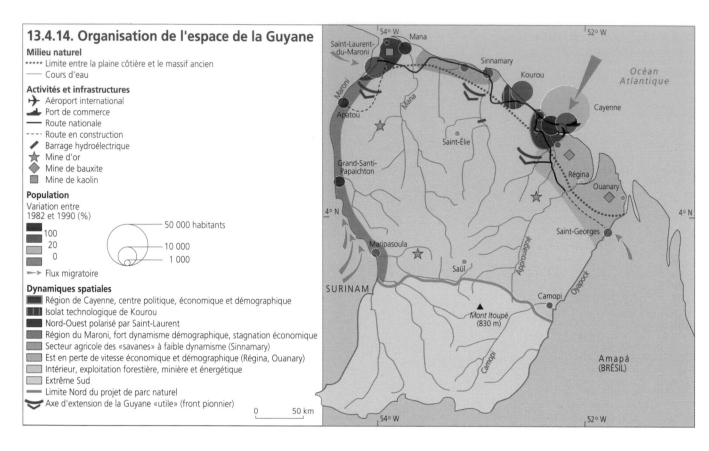

Milieu naturel
•••• Limite entre la plaine côtière et le massif ancien
— Cours d'eau

Activités et infrastructures
✈ Aéroport international
⚓ Port de commerce
— Route nationale
--- Route en construction
╱ Barrage hydroélectrique
★ Mine d'or
◆ Mine de bauxite
▪ Mine de kaolin

Population
Variation entre
1982 et 1990 (%)
■ 100
■ 20
□ 0
50 000 habitants
10 000
1 000
→ Flux migratoire

Dynamiques spatiales
■ Région de Cayenne, centre politique, économique et démographique
▦ Isolat technologique de Kourou
■ Nord-Ouest polarisé par Saint-Laurent
■ Région du Maroni, fort dynamisme démographique, stagnation économique
■ Secteur agricole des «savanes» à faible dynamisme (Sinnamary)
■ Est en perte de vitesse économique et démographique (Régina, Ouanary)
□ Intérieur, exploitation forestière, minière et énergétique
□ Extrême Sud
— Limite Nord du projet de parc naturel
⌄ Axe d'extension de la Guyane «utile» (front pionnier)

0   50 km

13.4.15. Organisation de l'espace de la Réunion

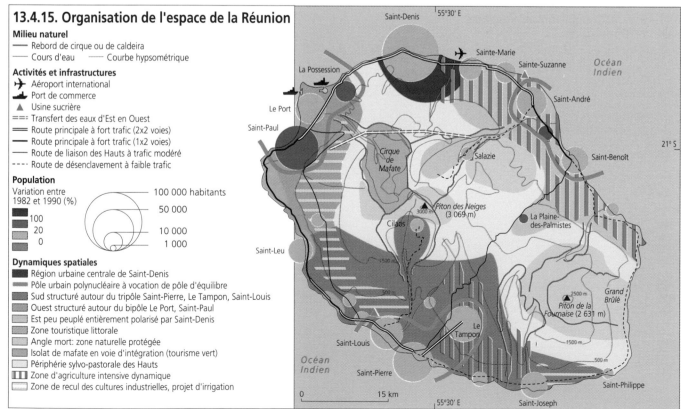

Milieu naturel
— Rebord de cirque ou de caldeira
— Cours d'eau   — Courbe hypsométrique

Activités et infrastructures
✈ Aéroport international
⚓ Port de commerce
▲ Usine sucrière
═══ Transfert des eaux d'Est en Ouest
═══ Route principale à fort trafic (2x2 voies)
— Route principale à fort trafic (1x2 voies)
— Route de liaison des Hauts à trafic modéré
--- Route de désenclavement à faible trafic

Population
Variation entre
1982 et 1990 (%)
■ 100
■ 20
□ 0
100 000 habitants
50 000
10 000
1 000

Dynamiques spatiales
■ Région urbaine centrale de Saint-Denis
▬ Pôle urbain polynucléaire à vocation de pôle d'équilibre
■ Sud structuré autour du tripôle Saint-Pierre, Le Tampon, Saint-Louis
■ Ouest structuré autour du bipôle Le Port, Saint-Paul
■ Est peu peuplé entièrement polarisé par Saint-Denis
■ Zone touristique littorale
■ Angle mort: zone naturelle protégée
■ Isolat de mafate en voie d'intégration (tourisme vert)
□ Périphérie sylvo-pastorale des Hauts
▦ Zone d'agriculture intensive dynamique
□ Zone de recul des cultures industrielles, projet d'irrigation

0   15 km

ATLAS DE FRANCE   © RECLUS 1998

Atlas de France

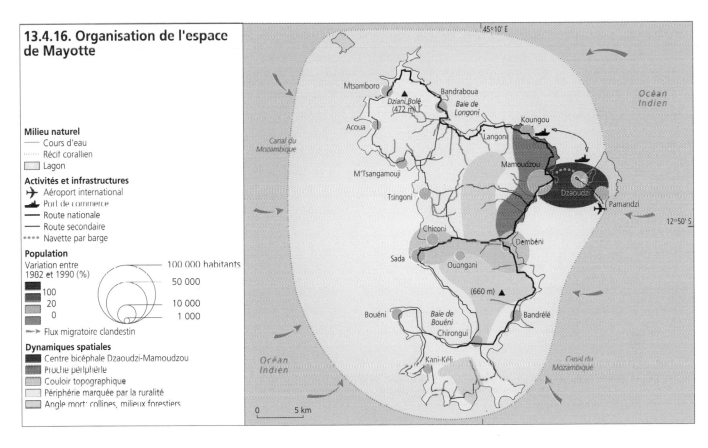

13.4.16. Organisation de l'espace de Mayotte

Milieu naturel
—— Cours d'eau
········ Récif corallien
▢ Lagon

Activités et infrastructures
✈ Aéroport international
⚓ Port de commerce
—— Route nationale
—— Route secondaire
•••• Navette par barge

Population
Variation entre
1982 et 1990 (%)
■ 100
■ 20
■ 0
100 000 habitants
50 000
10 000
1 000
→ Flux migratoire clandestin

Dynamiques spatiales
■ Centre bicéphale Dzaoudzi-Mamoudzou
■ Proche périphérie
■ Couloir topographique
■ Périphérie marquée par la ruralité
■ Angle mort: collines, milieux forestiers

0   5 km

Mtsamboro
Bandraboua
Dziani Bolé (472 m)
Baie de Longoni
Acoua
Koungou
Langoni
Canal du Mozambique
Mamoudzou
M'Tsangamouji
Dzaoudzi
Pamandzi
Tsingoni
Chiconi
Dembéni
Sada
Ouangani
(660 m)
Bouéni
Baie de Bouéni
Bandrélé
Chirongui
Kani-Kéli
Océan Indien
Canal du Mozambique
45°10' E
12°50' S

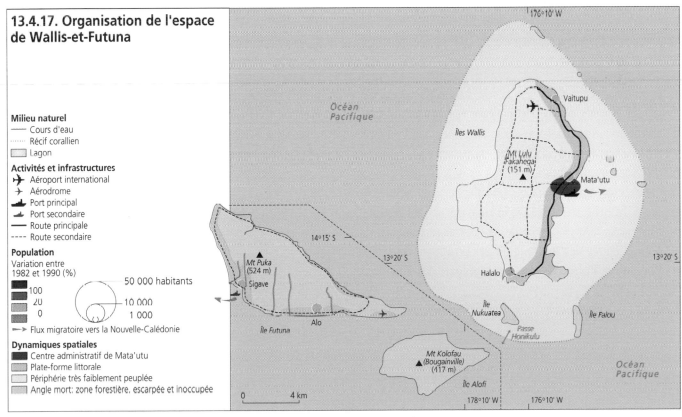

13.4.17. Organisation de l'espace de Wallis-et-Futuna

Milieu naturel
—— Cours d'eau
········ Récif corallien
▢ Lagon

Activités et infrastructures
✈ Aéroport international
✈ Aérodrome
⚓ Port principal
⚓ Port secondaire
—— Route principale
---- Route secondaire

Population
Variation entre
1982 et 1990 (%)
■ 100
■ 20
■ 0
50 000 habitants
10 000
1 000
→ Flux migratoire vers la Nouvelle-Calédonie

Dynamiques spatiales
■ Centre administratif de Mata'utu
■ Plate-forme littorale
■ Périphérie très faiblement peuplée
■ Angle mort: zone forestière, escarpée et inoccupée

0   4 km

Océan Pacifique
Vaitupu
Îles Wallis
Mt Lulu Fakahega (151 m)
Mata'utu
Mt Puka (524 m)
Sigave
Halalo
Alo
Île Futuna
Île Nukuatea
Île Faiou
Mt Kolofau (Bougainville) (417 m)
Passe Honikulu
Île Alofi
Océan Pacifique
176°10' W
14°15' S
13°20' S
13°20' S
178°10' W
176°10' W

À **Mayotte** (carte 13.4.16), le lagon, élément moteur de la vie de l'île, est à la fois un espace de production (pêche artisanale) et de communication (navigation côtière) ; c'est aussi le lieu de passage des Comoriens et des Malgaches qui alimentent les migrations clandestines. Le centre bicéphale associe Dzaoudzi et Mamoudzou ; la navette par barge, trait d'union entre les deux îles, permet les communications entre les deux éléments du bipôle. La proche périphérie est en cours d'intégration au centre et le couloir topographique est-ouest, marqué par une mise en valeur plus intensive de l'espace agricole et une densification du peuplement, pourrait dans l'avenir s'intégrer à la région centrale. Les périphéries rurales, qui bénéficient de la mise en place d'infrastructures socioéducatives modernes, sont habitées de sociétés villageoises fortement marquées par l'islam et tournées vers des activités traditionnelles. Les angles morts occupent les collines et constituent les réserves forestières des Bas.

À **Wallis-et-Futuna** (carte 13.4.17), le lagon, domaine de pêche vivrière, est un espace vital de l'île de Wallis dont le centre de Mata'utu, aux fonctions très incomplètes, a un rôle principalement administratif. La plate-forme littorale est marquée par la densification du peuplement et la relative intensification de la mise en valeur agricole. La périphérie, très faiblement occupée, est soumise à la déforestation en raison des défrichements et de l'agriculture sur brûlis qui progresse le long d'un front agricole. Cependant, le reboisement des Hauts vise à lutter contre les conséquences de l'agriculture traditionnelle. Les angles morts, inoccupés, couvrent les espaces forestiers et escarpés.

À **Tahiti** (carte 13.4.18) la zone urbaine de Papeete-Pirae, capitale et centre de la Polynésie française et point d'entrée des flux migratoires provenant des autres îles du territoire, rassemble la plupart des fonctions anomales et banales (administration, commerce, industrie, etc.). La proche périphérie, qui correspond à la plate-forme littorale urbanisée, est intégrée au centre. L'espace en cours d'intégration à l'agglomération de Papeete est marqué par une urbanisation accélérée. Le centre urbain secondaire de Taravao vise à devenir un pôle d'équilibre. Les angles morts correspondent aux domaines montagneux très escarpés et peu accessibles.

À la fois centre politique, économique et démographique de la **Nouvelle-Calédonie** (carte 13.4.19), le « Grand Nouméa » rassemble la quasi-totalité des fonctions de décision. La pluriethnicité de sa population ne saurait occulter le fait que la concentration des activités supérieures repose sur la domination de la population d'origine européenne. La côte sous-le-vent centrale, polarisée par Bourail-La Foa, est également peuplée en majorité d'Européens ; le grand élevage bovin et les cultures de plein champ (céréales, légumes, etc.) dominent. La côte sous-le-vent septentrionale est polarisée par Koné ; le grand élevage bovin domine cet espace peuplé majoritairement de Mélanésiens.

La périphérie, très peu occupée, est intensément exploitée ; c'est le domaine des mines de nickel, acheminé vers des ports secondaires dont le trafic est essentiellement tourné vers l'exportation du minerai. La périphérie rurale se caractérise par un peuplement mélanésien majoritaire qui s'adonne à l'agriculture vivrière et aux activités traditionnelles. Les angles morts correspondent aux domaines montagneux inexploités.

Didier Benjamin, André Calmont,
Jean-Pierre Chardon, Guy Fontaine,
Jean-Christophe Gay, Henry Godard,
Christian de Vassoigne
avec la collaboration de Maurice Burac,
Thierry Hartog

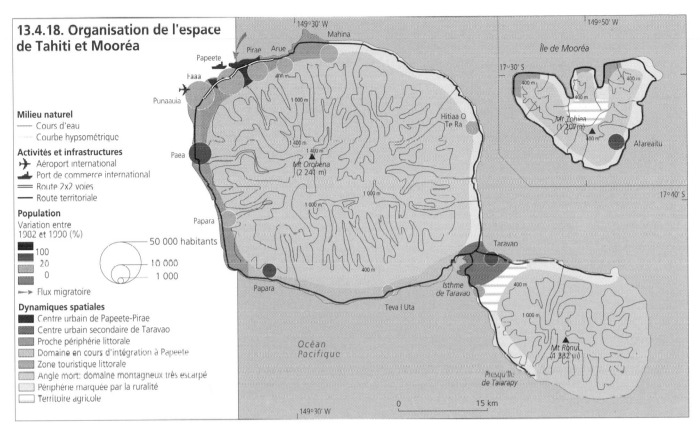

13.4.18. Organisation de l'espace de Tahiti et Mooréa

Milieu naturel
— Cours d'eau
— Courbe hypsométrique

Activités et infrastructures
✈ Aéroport international
⚓ Port de commerce international
═ Route 2x2 voies
— Route territoriale

Population
Variation entre 1902 et 1990 (%)

100
20
0

50 000 habitants
10 000
1 000

→ Flux migratoire

Dynamiques spatiales
■ Centre urbain de Papeete-Pirae
■ Centre urbain secondaire de Taravao
■ Proche périphérie littorale
■ Domaine en cours d'intégration à Papeete
■ Zone touristique littorale
■ Angle mort: domaine montagneux très escarpé
□ Périphérie marquée par la ruralité
□ Territoire agricole

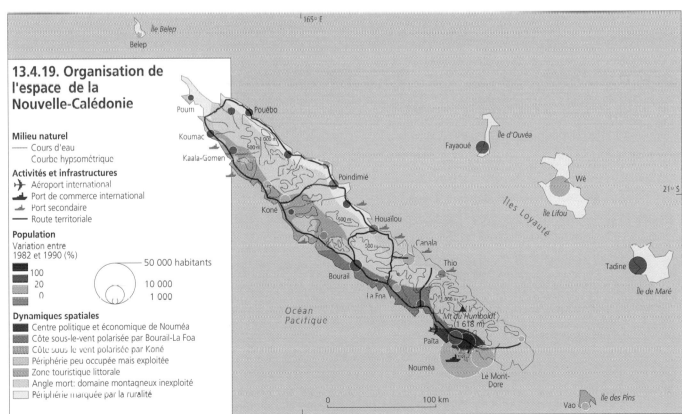

13.4.19. Organisation de l'espace de la Nouvelle-Calédonie

Milieu naturel
— Cours d'eau
— Courbe hypsométrique

Activités et infrastructures
✈ Aéroport international
⚓ Port de commerce international
⚓ Port secondaire
— Route territoriale

Population
Variation entre 1982 et 1990 (%)

100
20
0

50 000 habitants
10 000
1 000

Dynamiques spatiales
■ Centre politique et économique de Nouméa
■ Côte sous-le-vent polarisée par Bourail-La Foa
■ Côte sous-le-vent polarisée par Koné
■ Périphérie peu occupée mais exploitée
■ Zone touristique littorale
□ Angle mort: domaine montagneux inexploité
□ Périphérie marquée par la ruralité

Atlas de France

5
Voisinages, dépendances et intégration

à l'intérieur de leur aire régionale, les outre-mers se distinguent par trois particularités : un niveau de richesse élevé, qu'ils doivent à l'économie de transferts ; une difficile intégration dans les associations régionales ; une marginalisation économique dont les départements français d'Amérique fournissent un exemple.

Le niveau relatif de richesse des outre-mers est déterminé à partir de deux indicateurs. L'un, d'ordre économique, est la valeur du PNB par habitant en 1992, seul indicateur disponible à cette échelle pour effectuer une comparaison. Le second, d'ordre sociodémographique, correspond au taux de mortalité infantile.

Le PNB moyen par habitant de l'ensemble des pays de la carte 13.5.1 est de 20 830 F ; celui de la plupart des outre-mers atteint une valeur au moins double, à l'exception de Mayotte (5 000 F) et de Wallis-et-Futuna (10 000 F), dont les économies sont encore peu monétarisées. Ces niveaux, toutefois, se situent très en retrait du PNB (117 700 F) de la métropole. Par ailleurs, dans les régions observées, le taux de mortalité infantile moyen s'élève à 44,5‰, tandis que celui des outre-mers est compris entre 8 et 20‰ (il est de 6,1‰ en métropole). Dans cet intervalle, les départements insulaires et Saint-Pierre-et-Miquelon ont les valeurs les plus faibles ; les taux de la Guyane, de la Polynésie française et de la Nouvelle-Calédonie sont plus élevés ; enfin, Mayotte et Wallis-et-Futuna, sociétés encore traditionnelles, se caractérisent par un taux de mortalité infantile encore fort au milieu des années 1980. Considérés dans leur aire régionale respective, les outre-mers français apparaissent comme des espaces relativement favorisés, au même titre que les territoires placés sous la tutelle directe ou indirecte d'une puissance européenne ou des États-Unis.

Ces disparités socioéconomiques expliquent en partie les difficultés d'intégration des outre-mers à leur environnement régional. Les relations économiques avec les pays voisins de dimensions comparables souffrent aussi de l'incompatibilité des statuts politiques, des effets du morcellement des marchés, de l'éloignement ou de la fragmentation des territoires, et de la faible complémentarité, voire de la concurrence entre les économies. Des facteurs historiques interviennent également. Dans la France d'outre-mer, l'isolationnisme et le protectionnisme commercial ont longtemps prévalu. L'économie de plantation favorisait la spécialisation des économies coloniales en fonction des besoins de la métropole, tandis que la colonisation établissait des liens étroits entre les outre-mers et leur lointaine puissance tutélaire, les isolant ainsi de leur environnement immédiat.

La décolonisation, puis les lois de décentralisation et d'autonomie locale n'ont pas complètement rompu cet isolement, dans la mesure où le statut particulier des outre-mers empêche ces territoires de participer pleinement à des associations régionales, généralement réservées soit à des États souverains, soit à des projets de grande envergure : Forum du Pacifique Sud, Coopération économique en Asie-Pacifique (APEC), Indian Ocean Rim. Ces constructions répondent à plusieurs nécessités : développer les échanges ; gérer collectivement des ressources locales, principalement maritimes ; lutter solidairement contre des catastrophes naturelles ; organiser des séjours touristiques combinés ; réaliser des infrastructures communes pour obtenir des économies d'échelle ; défendre des intérêts collectifs dans les négociations internationales.

La place de la Réunion dans le Sud-Ouest de l'océan Indien illustre bien le faible niveau d'intégration économique régionale des outre-mers. Alors que Maurice, l'île sœur, est un membre actif de toutes les associations régionales, la Réunion n'est présente, depuis 1984, que dans la Commission de l'océan Indien (COI), qui ne constitue pas une entente commerciale et couvre un espace économique aux perspectives limitées. En baisse, les échanges de la Réunion avec ses partenaires de la COI représentent 2% de ses importations et 6% de ses exportations et réexportations en 1994.

Dans l'aire Pacifique, la rareté des lignes maritimes et aériennes régulières entre les TOM et les archipels voisins témoigne de la faible intensité des relations commerciales. Pourtant, parmi les populations mélanésiennes et polynésiennes des TOM du Pacifique, vif est le sentiment d'une conscience régionale. Ce dernier trouve un lieu d'expression dans la Commission du Pacifique Sud, fondée en 1947, qui réunit 6,5 millions d'Océaniens répartis sur 30 millions de km².

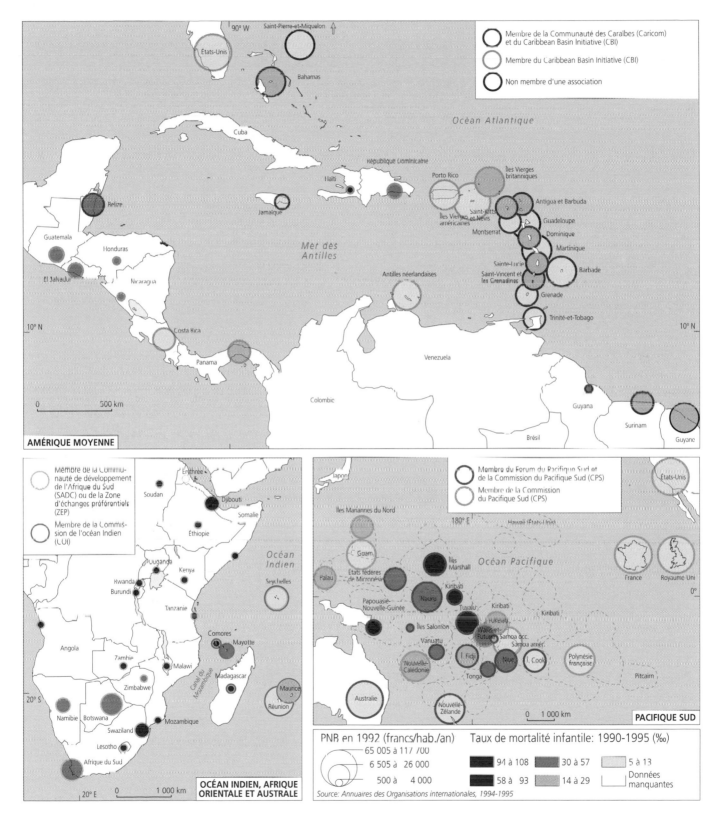

13.5.1. Niveaux de développement et associations économiques et politiques

Bénéficiant d'un niveau de développement généralement supérieur à celui des États voisins, les outre-mers français participent peu aux organisations régionales.

Les associations régionales n'ont pas suscité un réseau dense et maillé de relations régionales. Certaines visent, avant tout, à renforcer l'intégration économique, politique ou culturelle à une métropole. L'Initiative du bassin Caraïbe (CBI) et la Communauté de développement de l'Afrique du Sud (SADC) jouent respectivement ce rôle pour les États-Unis et l'Afrique du Sud. Les outre-mers sont de plus en plus sensibles au jeu très inégal des échanges qui se développent dans leur environnement régional. Le Canada, par exemple, fournit la moitié des importations de Saint-Pierre-et-Miquelon mais n'absorbe que 1% de ses exportations. Dans le commerce extérieur des TOM du Pacifique, la part de la France et de l'Europe régresse au profit de celle des puissances économiques régionales : le Japon est devenu le premier marché d'exportation de la Polynésie française (40%) et absorbe un quart des exportations de la Nouvelle-Calédonie.

Les départements français d'Amérique (DFA) constituent un bon exemple des difficultés rencontrées par les outre-mers français en matière d'intégration régionale. Les échanges commerciaux des DFA avec la Caraïbe représentent un volume insignifiant et décroissant, surtout des importations d'hydrocarbures en provenance de Trinidad et Curaçao. Les liens étroits entre les parties française et néerlandaise de Saint-Martin sont l'exception. Formant depuis 1992 une union douanière, la Communauté des Caraïbes (Caricom) maintient les DFA, qui en sont exclus, à l'écart des réseaux économiques régionaux (carte 13.5.2). Ceux-ci tissent une trame serrée qui supporte des flux d'hommes et de capitaux. Cette mobilité qui caractérise l'archipel antillais tient au fait qu'il constitue un réservoir migratoire après avoir été un réceptacle d'immigrés et qu'il est aussi un bassin touristique majeur pour les Nord-Américains. Il en résulte deux flux importants qui correspondent aux deux clientèles aériennes de base. En trente ans, plus de 5 millions d'Antillais ont, au total, émigré en Amérique du Nord et plus d'un million et demi en Europe ; les descendants de cette diaspora reviennent régulièrement dans leur « petite patrie » insulaire. L'attrait touristique de l'ensemble des Antilles mobilise en 1992 12 millions de touristes (deux tiers de Nord-Américains) et plus de 9 millions de croisiéristes en escale (90 % de Nord-

Américains), soit la moitié de la clientèle mondiale de la croisière maritime.

La marginalisation des DFA dans la géographie des échanges régionaux est liée à la profonde francisation de leurs flux : deux tiers des flux commerciaux et trois quarts des visiteurs sont transatlantiques. Les liaisons régionales de la Martinique et de la Guadeloupe, en dehors du pont aérien entre les deux îles, sont essentiellement réservées aux Petites Antilles. Il en résulte de faibles échanges avec les États-Unis (10% des visiteurs) et avec les Grandes Antilles. Ces échanges limités et déséquilibrés entraînent une desserte médiocre : vers l'Amérique du Nord, le réseau caraïbe d'Air France (trois vols hebdomadaires) et celui de la filiale de la Compagnie générale maritime ne se prolongent pas au-delà de Miami. Située en marge du bassin caraïbe, la Guyane vit une insularité que renforce un souci de limiter l'immigration en provenance des pays voisins (seulement un vol hebdomadaire vers le Brésil). Les flux touristiques à destination de la Guyane sont très réduits et les liaisons avec les autres DFA, éloignés de 1 500 km, restent chères. L'objectif prioritaire réside dans l'établissement d'une desserte directe avec la France.

Sur le faisceau aérien France-Antilles, la déréglementation aérienne s'est accompagnée d'une forte progression du trafic. Air France y affronte depuis 1986 la concurrence des compagnies françaises (AOM, Air Liberté, Corsair), et celle de tout transporteur de l'Union européenne depuis l'ouverture du ciel européen en avril 1997. Au-delà de cette échéance, les Antilles françaises souhaitent devenir des plates-formes logistiques entre l'Europe et la Caraïbe. Elles se dotent donc, de manière plus concurrente que complémentaire, d'infrastructures et d'organismes qui valorisent leur excellente desserte transatlantique aéromaritime, tout en s'efforçant d'améliorer leur desserte régionale ; tel est l'objectif qui préside à la mise en place du Complexe euro-caraïbe d'activités (CECA) de Guadeloupe.

Didier Benjamin, Jean-Pierre Chardon, Henry Godard

Références : Collectif, 1994, *L'État du monde,* Paris, La Découverte, 686 p.— Collectif, 1995, *Éléments de géostratégie et défense de la France,* Paris, La Documentation Française, 202 p.— Organisations internationales, 1994 et 1995, Annuaires.— Population reference bureau Inc., 1995, *World Population Data Sheet,* Washington, PRB.

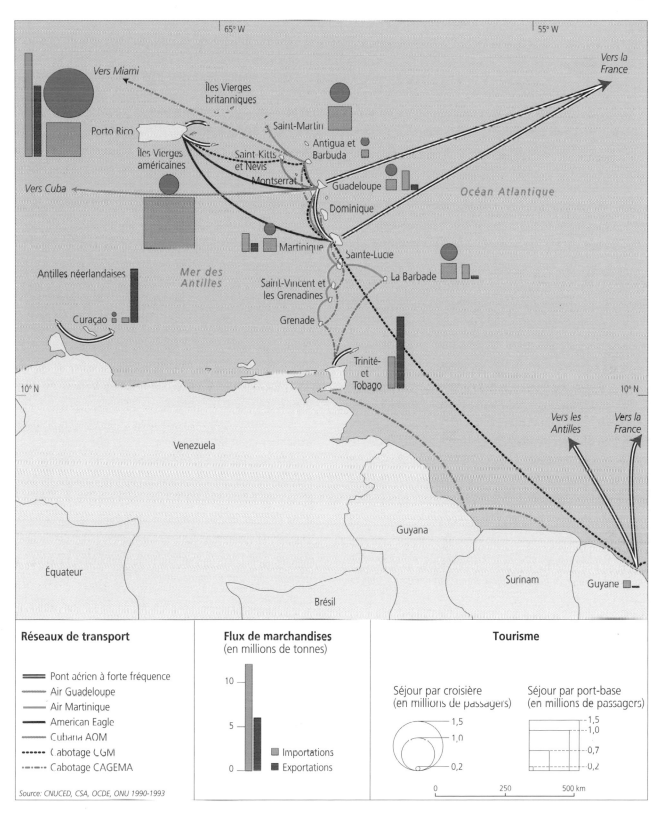

Réseaux de transport

— Pont aérien à forte fréquence
— Air Guadeloupe
— Air Martinique
— American Eagle
— Cubana AOM
---- Cabotage CGM
-·-·- Cabotage CAGEMA

Source: CNUCED, CSA, OCDE, ONU 1990-1993

Flux de marchandises
(en millions de tonnes)

10

5

0

■ Importations
■ Exportations

Tourisme

Séjour par croisière
(en millions de passagers)

1,5
1,0
0,2

Séjour par port-base
(en millions de passagers)

1,5
1,0
0,7
0,2

0   250   500 km

13.5.2. Les départements français d'Amérique et les flux dans la Caraïbe

Les flux des DOM occupent une part minime des trafics du bassin caraïbe et sont orientés vers la France, alors que les autres îles entretiennent des relations étroites avec les États-Unis.

En périphérie de l'espace Monde

*e*spaces dominés du temps des colonies, les outre-mers conservent aujourd'hui leur caractère de périphéries au sein de l'espace Monde. Faiblement intégrés aux grands courants d'échanges, la plupart d'entre eux se situent dans des régions pauvres et margina-lisées de la planète où le maintien de la souveraineté territoriale française est diversement accepté par les États voisins et les puissances régionales.

En 1995, les outre-mers occupent une place mineure sur l'échiquier mondial (carte 13.5.3). Il n'en fut pas toujours ainsi : les outre-mers sont issus d'un empire colonial qui fut longtemps pour la France le champ privilégié de son commerce extérieur et un vecteur essentiel de son rayonnement politique et culturel.

À la fin du règne de Louis XIV, la France devint une puissance coloniale, dont le domaine s'étendait des Caraïbes à l'Asie. Les Antilles étaient le fleuron de ce premier empire colonial. En Martinique, en Guadeloupe et dans la partie occidentale de Saint-Domingue, une société de planteurs esclavagistes produisait du sucre, du café et d'autres produits tropicaux. La main-d'œuvre captive exploitée sur ces plantations provenait, dans le cadre du commerce triangulaire, des comptoirs français du Sénégal. Par ailleurs, la France était présente à Madagascar, dans l'île Bourbon (devenue l'île de la Réunion) et, après 1721, dans l'île de France (aujour-d'hui l'île Maurice). Enfin, la Compagnie française des Indes orientales possédait, pour le commerce des épices et des objets précieux, différents comptoirs dont Pondi-chéry. La présence française demeurait symbolique en Guyane et elle restait fragile dans le Nord du continent américain où 18 500 colons ne suffisaient pas à peupler un espace immense comprenant le Canada, l'Illinois et la Louisiane.

Après s'être renforcé dans la première moitié du XVIIIe siècle, cet immense domaine fut victime des guerres contre l'Angleterre. En 1763, le traité de Paris consacra la victoire britannique et imposa à Louis XV de nombreuses pertes territoriales, particulièrement en Inde et en Amérique du Nord. Bien que la France ait en 1783 récupéré Saint-Pierre-et-Miquelon et obtenu un droit de pêche élargi à Terre-Neuve, la plus grande partie de l'héritage colonial du XVIIe siècle était perdue à la veille de la Révolution. Néanmoins, aux yeux des contemporains, l'essentiel était qu'au-delà du sacrifice d'un Canada peu lucratif, Paris ait conservé ses riches plantations des Antilles et ses réseaux commerciaux à travers les océans (carte 13.5.4). En 1789, la France se plaçait au premier rang dans le commerce mondial du sucre et du café. Pour l'heure, la rentabilité d'un colo-nialisme mercantile et esclavagiste était sauvée. Ce n'est que plus tard que viendrait le temps de la gran-deur d'un « empire français ».

Les grands empires coloniaux se constituèrent durant le dernier quart du XIXe siècle, lorsqu'une vaste partie du monde passa sous autorité européenne. En dépit de l'ex-pansion de la France en Indochine et en Afrique du Nord et de l'Ouest, la Grande-Bretagne se tailla la part du lion dans l'océan Indien (Inde et Australie) et en Afrique australe et orientale, étendant ainsi en 1914 son empire sur un quart de la population mondiale. Pendant la période de l'entre-deux-guerres, les possessions euro-péennes atteignirent leur plus grande extension (carte 13.5.5). Pénétrant des territoires jusque-là fermés

Territoires	Superficie en km²	Population (1938)
Afrique du Nord	2 759 000	16 043 000
Syrie et Liban	200 000	3 270 000
Océan Atlantique et Caraïbes	94 000	592 000
AOF, AEF, Togo, Cameroun	7 666 500	21 422 000
Océan Indien	637 200	4 079 000
Asie	740 300	24 056 000
Océan Pacifique	35 000	138 000
Total	12 132 000	69 600 000

Les territoires français en 1938

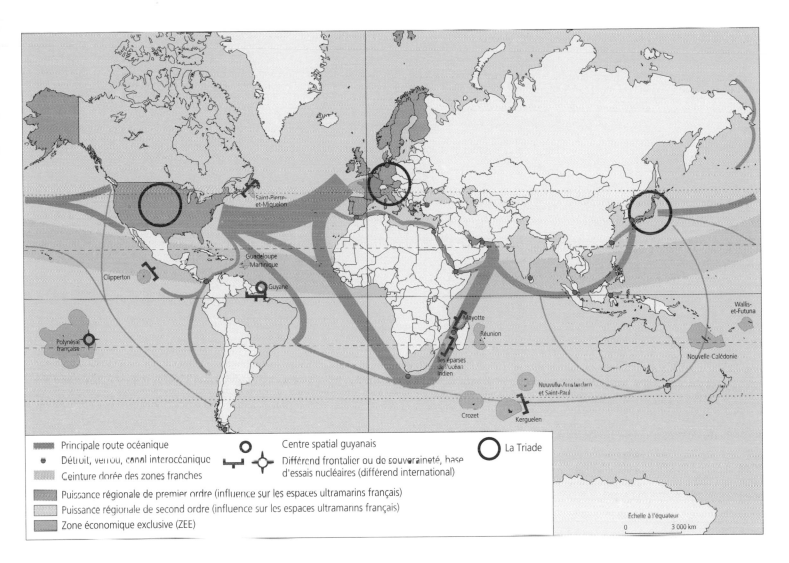

13.5.3. Les outre-mers dans l'espace Monde en 1995

Les outre-mers se situent en marge des grands courants d'échanges mondiaux. Mayotte ne dispose pas d'infrastructures portuaires pour tirer profit de sa situation. Les départements français d'Amérique ont développé tardivement des zones franches. La présence de la base spatiale de Kourou confère à la Guyane une valeur géostratégique que la Polynésie française a perdue depuis la fermeture du Centre d'expérimentation nucléaire.

à son influence, principalement au Proche-Orient, la domination économique des puissances européennes tendit à unifier l'économie mondiale.

À partir des années 1920, la France entreprit la mise en valeur systématique de ses colonies. L'essentiel des investissements se dirigea vers l'Afrique et l'Indochine, négligeant les territoires des actuels outre-mers. L'opinion française, à l'occasion de l'Exposition coloniale de 1931, prit conscience du caractère universel de la présence de la France, dont les possessions et protectorats couvraient 12 132 000 km².

La période qui s'ouvre en 1945 montre que la position des puissances impériales était plus faible qu'il n'y paraissait : épuisement des économies sortant de deux conflits mondiaux et début des mouvements d'indépendance dans les territoires colonisés. À partir de 1945,

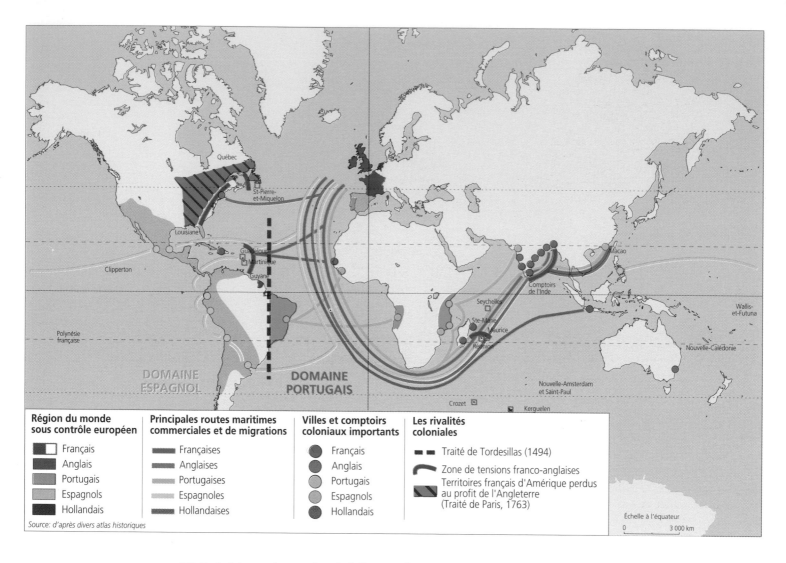

Région du monde sous contrôle européen

- Français
- Anglais
- Portugais
- Espagnols
- Hollandais

Principales routes maritimes commerciales et de migrations

- Françaises
- Anglaises
- Portugaises
- Espagnoles
- Hollandaises

Villes et comptoirs coloniaux importants

- Français
- Anglais
- Portugais
- Espagnols
- Hollandais

Les rivalités coloniales

- Traité de Tordesillas (1494)
- Zone de tensions franco-anglaises
- Territoires français d'Amérique perdus au profit de l'Angleterre (Traité de Paris, 1763)

Source: d'après divers atlas historiques

Échelle à l'équateur
0   3 000 km

13.5.4. L'empire colonial français au XVIIIe siècle (1713-1789)

En 1789, l'Empire colonial français se réduit à des comptoirs et des îles. Les Antilles et Haïti, qui participent au commerce triangulaire, assurent la prospérité du commerce colonial.

de la guerre d'Indochine à l'indépendance des Comores, une trentaine d'années furent nécessaires pour mener à bien le processus français de décolonisation et aboutir à la situation actuelle : des territoires ultramarins d'une superficie réduite et éclatés au sein de l'espace mondial.

L'existence des outre-mers assure le maintien d'une présence française loin de ses bases européennes mais elle suscite aussi des interrogations, en France comme à l'étranger. Quels intérêts économiques et quel rôle politique la France veut-elle

défendre ou promouvoir ? Considérant que la Caraïbe, « Méditerrannée américaine », est un espace dominé par les États-Unis, nous avons choisi d'analyser les positions de la France dans l'océan Indien et l'aire Pacifique ; les forces y sont moins déséquilibrées et il s'y développe des stratégies multiples excluant ou incluant les outre-mers.

Dans l'océan Indien, le retrait progressif des Britanniques à partir de 1947 a laissé le champ libre au jeu des grandes puissances. L'URSS y a recherché des

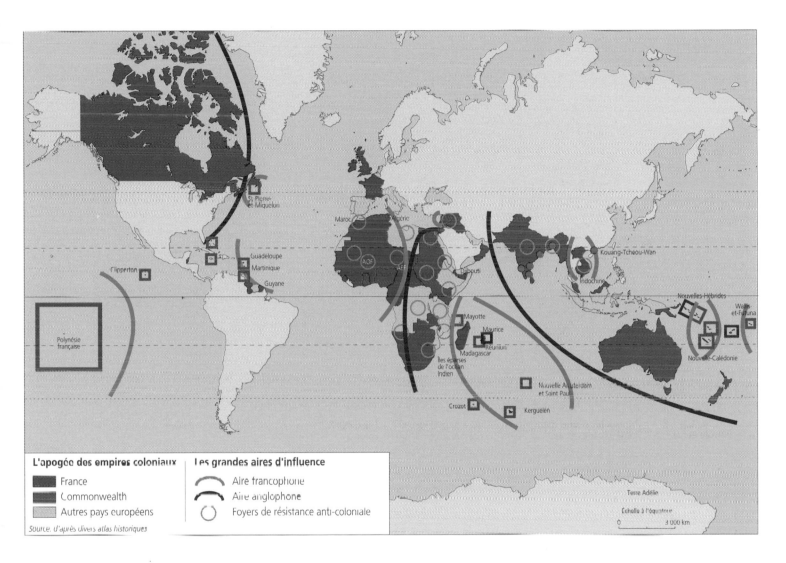

L'apogée des empires coloniaux
- France
- Commonwealth
- Autres pays européens

Source: d'après divers atlas historiques

Les grandes aires d'influence
- Aire francophone
- Aire anglophone
- Foyers de résistance anti-coloniale

13.5.5. L'empire colonial français en 1938

L'effort de colonisation de la France est alors dirigé vers ses possessions africaines, indochinoises et malgache. À l'exception de la Nouvelle-Calédonie, les outre-mers actuels sont alors au second plan.

bases navales (Berbera, en Somalie, avant 1977) et des îles relais (Socotra, Dahlak après 1977) alors que les États-Unis, grâce à la position centrale de Diego Garcia, ont veillé sur les routes commerciales pétrolières et dans les détroits (Ormuz, Suez, Malacca). L'effondrement de l'URSS, la guerre du Golfe, puis le retrait américain de Somalie (1993) ont permis aux puissances régionales comme l'Inde, l'Afrique du Sud et l'Australie de mettre en place une diplomatie plus active dans l'océan Indien. Grâce à la Réunion, la France occupe

l'angle sud-ouest de cet océan (carte 13.5.6). Exclue de la base de Diégo-Suarez (Madagascar) en 1973, elle concentre ses Forces armées de la zone sud de l'océan Indien (FASZOI) sur deux pôles. Le premier est la Réunion, avec une solide infrastructure (port de la Pointe-des-Galets, aéroports de Roland-Garros et de Pierrefonds) qui, par le relais des Îles Éparses et de Mayotte, surveille la route Ormuz-Le Cap par le canal du Mozambique ou par l'est de Madagascar. Le second est l'enclave de Djibouti, qui accueille aujourd'hui

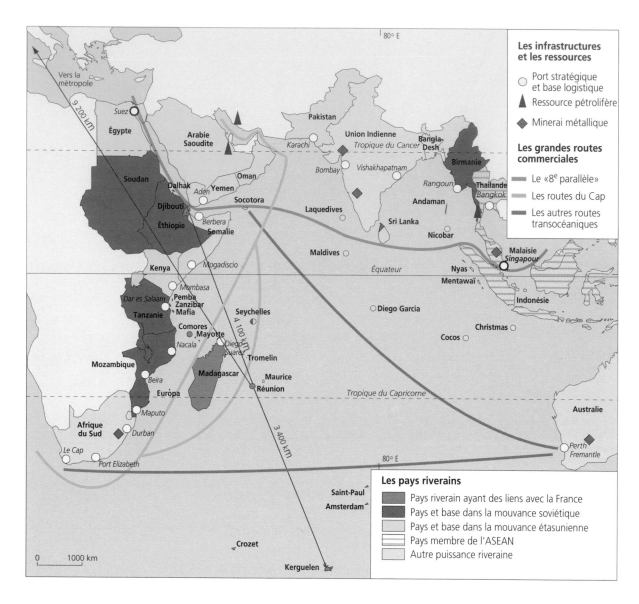

13.5.6. Océan Indien et géostratégie (fin des années 1980)

Absente des côtes asiatiques, la France participe au dispositif militaire occidental de surveillance des deux routes maritimes à destination de l'Europe : celle du canal de Suez (base de Djibouti) et celle du cap de Bonne-Espérance (bases de la Réunion et facilités aéroportuaires dans le canal du Mozambique).

3 500 hommes et l'essentiel des forces aéronavales rapatriées de Diégo-Suarez en 1973. La présence française, triséculaire, est généralement considérée comme un facteur de stabilité pour la zone. La France est, cependant, confrontée aux revendications territoriales de Maurice et de Madagascar, concernant respectivement les îles Tromelin et Europa, tandis que la République fédérale islamique des Comores, soutenue par l'ONU et l'OUA, réclame le rattachement de Mayotte.

Dans l'aire Pacifique, le maintien des situations de dépendance politique de nombreux archipels découle largement de la faiblesse des micro-États insulaires et

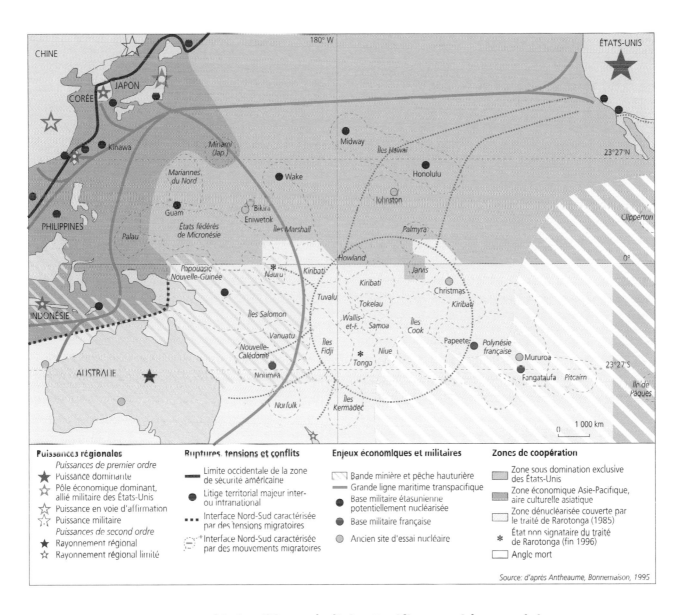

Source: d'après Antheaume, Bonnemaison, 1995

13.5.7. Les déséquilibres de l'aire Pacifique : vides et pleins

Reliant les façades asiatique et nord-américaine, les lignes aéromaritimes du Pacifique Nord assurent le flux transocéanique le plus important de la planète. Ces routes commerciales sont placées sous le contrôle exclusif des États-Unis, qui disposent d'un réseau de bases aéronavales. Dans le Pacifique Sud, l'espace maritime apparaît politiquement fragmenté et à l'écart des courants d'échanges majeurs.

de la crise récente des constructions nationales. Ceux-ci, à l'exception de la Papouasie-Nouvelle-Guinée, possèdent une population et un territoire très réduits. Leurs économies sont peu diversifiées et dépendent largement d'une aide internationale qui leur est de plus en plus mesurée. Beaucoup traversent une crise

politique provoquée par des tiraillements entre groupes ethniques (Vanuatu, Fidji) et par des menaces de sécession (cas de l'île de Bougainville). À plusieurs reprises, l'aggravation des troubles a nécessité l'intervention des grandes puissances. Leur présence se trouve ainsi légitimée par le souci de garantir la sécurité des